Jürgen Werth

ICH SCHENKE EUCH EIN NEUES HERZ

Das Buch zur Jahreslosung

SCM

R.Brockhaus

SCM

Stiftung Christliche Medien

Der SCM Verlag ist eine Gesellschaft der Stiftung Christliche Medien, einer gemeinnützigen Stiftung, die sich für die Förderung und Verbreitung christlicher Bücher, Zeitschriften, Filme und Musik einsetzt.

© 2016 SCM-Verlag GmbH & Co. KG, 58452 Witten
Internet: www.scm-brockhaus.de; E-Mail: info@scm-verlag.de

Soweit nicht anders angegeben, sind die Bibelverse folgender Ausgabe entnommen:

Gute Nachricht Bibel, revidierte Fassung, durchgesehene Ausgabe in neuer Rechtschreibung, © 2000 Deutsche Bibelgesellschaft, Stuttgart.

Weiter wurden verwendet:

Lutherbibel, revidierter Text 1984, durchgesehene Ausgabe in neuer Rechtschreibung, © 1999 Deutsche Bibelgesellschaft, Stuttgart. (LUT)

Neues Leben. Die Bibel, © der deutschen Ausgabe 2002 und 2006 SCM-Verlag GmbH & Co. KG, 58452 Witten. (NLB)

Einheitsübersetzung der Heiligen Schrift, © 1980 Katholische Bibelanstalt, Stuttgart. (EÜ)

Bibeltext der Neuen Genfer Übersetzung – Neues Testament und Psalmen,Copyright © 2011 Genfer Bibelgesellschaft Wiedergegeben mit freundlicher Genehmigung. Alle Rechte vorbehalten. (NGÜ)

Umschlag: Provinzglück GmbH – www.provinzglueck.com
Satz: Christoph Möller, Hattingen
Druck und Bindung: CPI books GmbH, Leck
Gedruckt in Deutschland
ISBN 978-3-417-26790-7
Bestell-Nr. 226.790

Inhalt

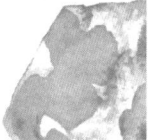

Auf ein Neues!

Ein neues Jahr.
Ein neuer Geist. Ein neues Herz.
Ein neues Wort.
Ein Wort fürs Jahr. Ein Jahreswort.
Ein Wort von Gott. Für uns. Heute.
Steinalt und tagesaktuell.
Wie alle seine Worte.
Und darum mehr als ein Jahreswort. Viel mehr.
Ein Lebenswort!

> „Ich schenke euch ein neues Herz und lege einen neuen Geist in euch."

Aus dem alten Buch des alten Propheten Hesekiel. Kapitel 36, Vers 26. In der Übersetzung der Einheitsbibel.

Ein neues Herz, ein neuer Geist.
O ja, das haben wir wohl nötig.
Wir alle. Ich.
Das hat unsere Welt wohl nötig.
Und die Kirche.

Wir wollen uns auf dieses Wort einlassen. Ein ganzes Jahr lang haben wir Zeit dafür. Dieses Buch möchte ein kleiner Begleiter sein. Es ist ein Lesebuch. Ein Vor-Lesebuch. Es ist aber auch ein Arbeitsbuch. Für Sie ganz privat. Aber auch für Ihren Hauskreis, Ihre Gemeinde. Miteinander entdeckt man mehr. Frei nach Huldrych Zwingli: „Es braucht mehrere, um intelligent zu sein."

„Ich schenke euch ein neues Herz und lege einen neuen Geist in euch."

Gott hat's vor Hunderten von Jahren versprochen, und er verspricht es neu. Heute. Und wir wollen antworten:

Tu's, Gott! Auch wenn sich die Herzen und Geister, die sich in uns breitgemacht haben, dagegen wehren. Weil sie sich eingerichtet haben in unseren Gedanken und Gefühlen und Gewohnheiten. Zieh sie raus. Und ziehe ein!

Lass dich nicht hindern! Tu's einfach! Jetzt und immer wieder.

1 O Herr, schmeiß Hirn vom Himmel!

Sie kennen den Stoßseufzer: „O Herr, schmeiß Hirn vom Himmel!" Hirn, ja. Das würde schon helfen. Vieles scheint so hirnlos, so gedankenlos. Hirn. Damit wir sehen, was dran ist und was richtig ist. Vernünftig. Damit wir klare Gedanken denken. Und klare Schritte gehen.

Aber Hirn ist noch nicht unbedingt Geist.

Hirn haben viele – und die Welt zu dem gemacht, was sie heute ist.

Der Schweizer Dramatiker Friedrich Dürrenmatt hat uns das in den Sechzigerjahren des letzten Jahrhunderts mit einer schwarzen Komödie eindrucksvoll vor Augen geführt: „Die Physiker" heißt sie.

Da sitzen drei Männer in einem Irrenhaus, die sich für berühmte Physiker halten: für Albert Einstein, Isaac Newton und Johann Wilhelm Möbius. Doch allmählich wird klar: Niemand von ihnen ist wirklich verrückt. Und der sich als Möbius ausgibt, ist tatsächlich niemand anderes als Möbius. Er hat sich hierher zurückgezogen, um sich zu verstecken. Er hat nämlich „die Formel aller Formeln" gefunden und glaubt inzwischen, dass sie Unheil über die Menschheit bringen wird, sobald sie in die falschen Hände gerät.
   Die beiden anderen entpuppen sich ebenfalls als berühmte Physiker, die allerdings vom Geheimdienst ihres jeweiligen Landes beauftragt worden sind, sich hier einzuschleichen, um an die Formel von Möbius zu kommen. Der jedoch hat seine Aufzeichnungen längst vernichtet.

Zur Sicherheit. Um die Welt zu retten, müsse man ihr den Rücken zukehren, sagt Möbius, und er überzeugt seine Kollegen. Die drei Männer stoßen miteinander an und beschließen, im Irrenhaus zu bleiben.

Man lacht. Und gruselt sich.

Tatsächlich können wir heute beinahe alles. Hirn ist da. Reichlich. Aber es hat bislang keine Menschheitskatastrophe verhindert. Im Gegenteil, es hat sie häufig genug erst möglich gemacht.

Dass es so kommen könnte, hat schon Goethe geahnt. 1797 jedenfalls schließt er seine Ballade vom Zauberlehrling so:

> „Herr, die Not ist groß!
> Die ich rief, die Geister
> werd ich nun nicht los."

In derselben Zeit schreibt Anne Louise Germaine de Staël (1766–1817), eine französisch-schweizerische Schriftstellerin:

> „Wissenschaftlicher Fortschritt macht moralischen Fortschritt zu einer Notwendigkeit. Denn wenn die Macht des Menschen wächst, müssen die Hemmungen verstärkt werden, die ihn davon abhalten, sie zu missbrauchen."

O Herr, schmeiß Hirn vom Himmel?

Dieser Stoßseufzer wäre wohl besser:

„O Herr, schmeiß Geist vom Himmel!"

Schick uns einen neuen Geist, eine neue Gesinnung. Einen Geist der Kraft, der Liebe und der Besonnenheit. Und schick ein neues Herz. Eine neue Herz-lichkeit. Mit herzhaften Schritten aufeinander zu. Und auf die Probleme, die uns belasten. Damit wir gemeinsam Katastrophen verhindern, statt sie zu ermöglichen. Damit wir mit der Welt und ihren Menschen so umgehen, wie du dir das gedacht hast und wie es gut wäre.

Und er will's tun. Er verspricht's. Der Herr. Der Erschaffer der Welt, der Erlöser, unser Vater im Himmel. In diesem Jahr und überhaupt.

Während ich das hier schreibe, denke ich an Sie, die Sie das hier lesen. Ein paar Monate später. Was mag inzwischen alles passiert sein!

Ich will Sie nicht mit all den Ereignissen und Entwicklungen langweilen, die mich jetzt gerade in Atem halten. Wir werden uns erinnern. Oder haben das meiste längst vergessen. Weil sich andere Ereignisse und Entwicklungen davorgedrängt haben. Und weil heute morgen immer schon gestern ist.

Was auch an unseren öffentlichen Medien liegt. Was ich als Journalist nur ein bisschen kleinlaut zugeben mag. Aber es ist halt so: Manche Themen und Probleme werden wochenlang durch alle Gazetten und Kanäle gejagt – bis das kaufende Publikum genug davon hat und sich nach neuen Themen und Problemen sehnt. Und prompt bedient wird.

Wir denken zuweilen, die Themen von gestern wären damit abgearbeitet, erledigt. Und die Probleme von gestern wären gelöst. Was aber nur selten der Fall ist. Leider. Sie sind nur aus dem Schaufenster verschwunden. Im Laden aber sind sie immer noch zu haben. Wenn man denn nach ihnen fragt.

Und der Laden quillt über …

Manchmal denke ich in diesen Jahren, dass wohl Endzeit ist. Vielleicht nicht unbedingt im apokalyptischen Sinn. Niemand weiß Tag noch Stunde, wann die Uhr dieser Welt abgelaufen sein wird. Endzeit ist vielmehr in dem Sinne, dass wir ans Ende gekommen sind mit unseren Träumen von einer besseren Welt. Mit unserem Machbarkeitswahn.

Dabei schießt mir zuweilen ein alter DDR-Witz durch den Kopf. Da sagt der Generalsekretär in einer Rede vor dem Parteitag der SED:

> „Ja, es stimmt, wir stehen am Rande des Abgrunds. Aber schon morgen sind wir einen Schritt weiter."

Was damals nur für die DDR gegolten haben mag, gilt heute für uns alle. Für das ganze Deutschland. Für Europa. Für die Welt. Wir taumeln von Krise zu Krise und sehnen uns verzweifelt nach einem, der einen Ausweg weiß. Und die Kraft besitzt, uns mitzunehmen auf diesen Aus-Weg.

O Herr, schmeiß Geist vom Himmel!

Wir glauben nicht mehr so recht an den Fortschritt. Eher sehnen wir uns zurück nach der Zeit, in der noch alles geordneter erschien. Übersichtlicher. Beherrschbarer. Nicht umsonst heißt der aktuelle Mode- und Designtrend „Vintage". Was so viel heißt wie „altehrwürdig". Ein Retrolook für Möbel und Klamotten. Und vielleicht ist ja heute tatsächlich ein Rückschritt der wirkliche Fortschritt. Ein Rückschritt vom Rand des Abgrunds in sichere Gefilde.

Das heißt dann wohl auch zurück zum Ursprung. Zurück zum Schöpfer. Zurück zu Gott.

Der wartet schon lange auf solche Überlegungen. Solche Rückbesinnungen. Solche Rückschritte. Er wartet wie der Vater des verlorenen Sohnes in jener einzigartigen Geschichte, die Jesus erzählt hat. Wir werden sie in diesem Buch neu bedenken.

Er wartet, er will helfen, und er weiß, wie's geht. Ein neues Herz will er schenken. Einen neuen Geist. Sein Herz. Seinen Geist.

Was das ist? Keine religiöse Sentimentalität jedenfalls. Und auch kein abstraktes Gedankengebäude. Gottes Herz ist Jesus. Sein Geist ist Jesus. In diesem Menschen, den die Bibel als Gottes Sohn bekennt, wohnt die ganze Weisheit Gottes. Die ganze Gnade. Die ganze Liebe. Die ganze Barmherzigkeit. In Jesus greift Gott ein, packt er zu. In Jesus will er uns aus dem Sumpf reißen, der uns zu verschlingen droht.

Beim alttestamentlichen Propheten Hesekiel, aus dessen Buch unsere aktuelle Jahreslosung stammt, steht dieser

Satz, diese Verheißung, dieses Versprechen gleich zweimal. Auch hier:

> „Ich werde ihnen ein neues Herz und einen neuen Geist geben. Ich nehme das versteinerte Herz aus ihrer Brust und schenke ihnen ein Herz, das lebt. Dann werden sie nach meinen Weisungen leben, auf meine Gebote achten und sie befolgen. Sie werden mein Volk sein und ich werde ihr Gott sein." (Hesekiel 11,19-20)

Das ist Israel gesagt. Zunächst. Aber heute ist es uns gesagt. Zugesagt. Und damit Menschen, die sich dieses Herz nicht verdient haben. Weil sie nur auf ihre eigenen Herzen gehört haben. Die mit diesem Geist nicht belohnt werden, sondern begnadet. Weil sie stets anderen Geistern gefolgt sind. Umso kräftiger können wir's beten. Demütig und vertrauensvoll:

Ja, Herr, schmeiß dieses Herz vom Himmel! Diesen Geist! Schmeiß es in die UNO und ins Europäische Parlament! Schmeiß es in unsere Landes- und Kommunalparlamente! Schmeiß es in die Behörden und Labors! Schmeiß es in Kinos und Theater und Modeateliers! Schmeiß es in Flüchtlingsunterkünfte und Gefängnisse! Schmeiß es in unsere Kirchen und Gemeindehäuser! Schmeiß es in unsere Wohnungen! Schmeiß es in unser kleines privates Leben! Tausch die Herzen aus! Tausch den Ungeist gegen Geist. Deinen Geist. Dann muss uns nicht bange sein vor dem Morgen.

Schmeiß dein Herz vom Himmel! Und deinen Geist!

Störe uns, Herr,
wenn wir zu sehr zufrieden mit uns sind.
Wenn unsere Träume wahr geworden sind, weil wir zu
klein geträumt haben.
Wenn wir sicher angekommen sind,
weil wir immer nah an der Küste gesegelt sind.

Störe uns, Herr,
wenn wir in all dem Überfluss unseres Besitzes
unseren Durst für das Wasser des Lebens verloren haben.
Wenn wir, verliebt in das Leben, aufgehört haben, von
der Ewigkeit zu träumen.
Wenn wir, bemüht eine neue Erde zu bauen, zugelas-
sen haben,
dass unsere Vision von einem neuen Himmel erblasste.

Störe uns, Herr,
damit wir mutig wagen, auf die weiten Wasser zu se-
geln,
wo uns die Stürme Deine Herrschaft zeigen.
Wo wir kein Land mehr sehen und die Sterne finden.
Wir bitten Dich, dass Du den Horizont unserer Hoffnung erweiterst
und uns in die Zukunft bringst, in Kraft, Mut, Hoffnung und Liebe.

Sir Francis Drake zugeschrieben[1]

2 Von Gutmenschen und Schlechtmenschen

Ganz klar: Es gibt Gutmenschen, und es gibt Schlechtmenschen. Wenn Sie mir denn diese grobe Unterteilung gestatten.

Wobei ich das Wort „Gutmensch" hier frei von jeder Ironie gebrauchen möchte. Falls das überhaupt noch möglich ist. Immerhin hat es dieser Begriff 2015 zum „Unwort des Jahres" gebracht. Nein, wenn ich hier von Gutmenschen spreche, dann meine ich wirklich durch und durch gute Menschen. Ehrliche, freundliche, hilfsbereite, zuverlässige, glaubwürdige Menschen, denen das Wohl der anderen immer wieder wichtiger ist als ihr eigenes. Die sich für Behinderte einsetzen und für Migranten. Die Kinder schützen und Erwachsene. Und die Schöpfung. Die Kraft und Zeit und Geld investieren, damit andere ein halbwegs menschenwürdiges Leben leben können. Gute Menschen. Gutmenschen eben.

Die gibt's ja. Zum Glück.

Aber es gibt eben auch die Schlechtmenschen. Ich nenne sie hier einfach mal so. Durch und durch gemeine Menschen, selbstverliebt und selbstherrlich, rücksichtslos, skrupellos, lieblos. Die anderen sind ihnen herzlich egal, zuweilen laben sie sich gar an ihrem Unglück. Notorische Lügner und Betrüger gehören dazu. Ein Gefängnisseelsorger hat mir einmal erklärt, dass das „die Schlimmsten" sind. Weil sie immer Böses im Schilde führen. Weil Hintergehen und Hintertreiben in ihren Genen steckt. Jedenfalls wären sie schlimmer als Mörder, die manchmal „nur" im Affekt einen anderen umgebracht haben, weil eine Sicherung durchgebrannt ist. Schlechtmenschen, denen man am besten nicht allein im Dunkeln begegnet. Vor denen man sein Haus, sein Herz und sein Portemonnaie verschließt.

Gilt nun unser Bibelwort nur für Schlechtmenschen?

Zunächst: Die Unterteilung ist so einfach nicht. Denn es gibt sie kaum in „Reinkultur". Immerhin kenne ich „Gutmenschen", die sich auf einmal wie Schlechtmenschen gebärden. Die aus der vertrauten Rolle fallen, ausrasten, ausbrechen. Wir sagen dann: „Das hätte ich aber von dir nicht erwartet! Ausgerechnet du!" Und wenden uns enttäuscht und ernüchtert ab. Gut sein schützt vorm Scheitern nicht.

Und ich kenne „Schlechtmenschen", die auf einmal Herz zeigen. Mitgefühl. Die sagen oder tun, was man ihnen nie und nimmer zugetraut hätte. Wir staunen dann: „Das hätte ich aber von dir nicht erwartet! Ausgerechnet du!"

Gutmenschen und Schlechtmenschen – vielleicht hausen beide in unseren Genen. Luther hat es noch anders gesagt: Wir sind immer Sünder und Gerechte. Gleichzeitig. Was bedeuten würde: Ein Gutmensch darf sich nie allzu sicher sein. Und bei Schlechtmenschen sollten sich die anderen nie zu sicher sein. Mancher zeigt zuweilen Eigenschaften, die man bei ihm nicht vermutet hätte.

Was zeigen könnte: Ein neues Herz, einen neuen Geist brauchen nicht nur die vermeintlichen Schlechtmenschen, sondern auch die vermeintlichen Gutmenschen. Also kurz: wir alle.

Von zwei Menschen möchte ich Ihnen erzählen. Entscheiden Sie selbst, in welche Kategorie Sie gehören.

Um den ersten zu treffen, müssen wir eine längere Flugreise antreten. Nach Ostafrika, genauer gesagt. Er wohnt nämlich in Nairobi, also in der Hauptstadt von Kenia.

Als wir angekommen sind, schauen wir uns zunächst einmal um:
Wirklich reich sind nur wenige in dieser Stadt. Aber die, die in diesem Bezirk wohnen, sind arm. Richtig arm. Die Straßen verschlammt, die Plätze vermüllt, die Häuser verwittert und die Menschen verwahrlost. Wir laufen durch einen Außenbezirk von Nairobi. Und stehen plötzlich vor einer neu errichteten Schule. Und alles ist ein bisschen anders. Als hätten sich Mauern und Menschen extra herausgeputzt für uns.

Eine Schule, ein Hort, ein Heim, eine Heimat. Und die Kinder, die hier leben und lernen, tragen ein Lächeln im Gesicht. Wie ihr Lehrer, ihr Leiter. Mose Mwina heißt er. Und er ist mächtig stolz auf das, was hier unter seinen Händen entstanden ist. Und er hat allen Grund dazu. Doch nein, „stolz", dieses Wort würde er vielleicht nicht akzeptieren. „Ich habe keinen Grund, stolz zu sein auf mich!", würde er wohl sagen. „Nur auf meinen Herrn. Auf Jesus. Der hat das alles hier ermöglicht. Der hat überhaupt erst ermöglicht, dass ich so etwas zustande bringe. Der hat mir ein neues Herz geschenkt."

Tatsächlich hätte ihm das ein paar Jahre zuvor niemand zugetraut. Wirklich nicht. Mose Mwina war ein kleiner Krimineller gewesen in Nairobi. Hatte sich über Wasser gehalten durch kleine Gaunereien. War immer mal wieder im Bau gelandet. Hatte dort dazugelernt. War immer gerissener geworden. Und irgendwann kein kleiner Krimineller mehr gewesen, sondern ein großer. Kein Gutmensch, wirklich nicht. Ein Schlechtmensch, wie er im Buche steht. Ein Immerschlechtermensch.

Über zehn Mal hatte er gesessen. Und im Gefängnis immer gleich schon das nächste Ding geplant. Das noch ein bisschen größere. Und das ganz und gar sichere.

Nein, gefallen hatte ihm dieses Leben nicht. Ganz und gar unglücklich war er gewesen. Aber irgendwie musste er Geld verdienen. Um zu leben. Um zu überleben.

Als ihm jemand ein kleines Radio in die Zelle geschoben hatte, hatte er angefangen, christliche Sendungen zu hören. Und von einem himmlischen Vater zu hören, der ein Herz zu haben schien für seine verlorenen Söhne und Töchter. Für Schlechtmenschen. Und der ein neues Leben im Angebot hatte. Totale Vergebung. Einen kompletten Neuanfang.

Mose Mwina zögerte nicht lange und gab diesem himmlischen Vater sein Herz. Sein Leben.

Wieder draußen suchte er andere, die zu diesem himmlischen Vater gehörten. Brüder. Schwestern. Doch die waren ausgesprochen zurückhaltend, wenn sie erfuhren, wo ihr neues Familienmitglied die letzten Jahre seines Lebens zugebracht hatte. Manche waren geradezu erschrocken. Und gingen auf Abstand.

„Aber einer war anders!", erzählt Mose Mwina. „Der hat mich immer wieder zu sich nach Hause eingeladen. Zum Essen. Und – stellt euch vor – der hat mir sogar sein Auto geliehen! Mir! Ausgerechnet mir. Autos hatte ich früher geknackt und geklaut …"

Dieser eine war Stephen Boakye-Yiadom, langjähriger Direktor der Radiomission TWR in Afrika. Er wurde so etwas wie der Vater von Mose Mwina. Und half so kräftig mit, dass aus dem verlorenen Sohn selbst allmählich ein Vater wurde. Ein Vater für andere verlorene Söhne und Töchter. Ein Schlechtmensch wurde so nach und nach zum Gutmenschen. Weil Gott ihm ein neues Herz und einen neuen Geist geschenkt hatte. Und weil die Liebe eines anderen Christen geholfen hatte, dass dieses neue Herz, dass dieser neue Geist nicht wieder verkümmern konnte.

Mit ein paar Kindern hatte er begonnen. In einer kleinen Behausung. Nun war eine stattliche Schule gewachsen. Und viele, viele kleine und große Kinder hatten hier schon den freundlichen himmlischen Vater kennengelernt. Und seinen freundlichen irdischen Stellvertreter. Und waren vielleicht längst selbst Väter. Und Mütter.

„Die im Elend ohne Obdach sind, führe ins Haus!" Das hatte dieser himmlische Vater einst von seinem alten Volk Israel gefordert. Er hatte das fordern können, weil er stets selbst mit gutem Beispiel vorangegangen war. Die Menschen damals hatten sich so wenig an diese Forderung gehalten wie die Menschen heute. Unfromme Schlechtmenschen und – Gott sei es geklagt – häufig genug auch fromme Gutmenschen. Aber damals wie heute gab und gibt es Ausnahmen. Und die verändern die Welt. Sie sind Licht und Liebe und Leben für Vaterlose. Hoffnungsträger.

Mose Mwina – ein Schlechtmensch, der zum Gutmenschen geworden ist. Weil Gottes Herz in seinem Herzen Platz genommen hat. Weil Gottes Geist seinen Geist beflügelt hat.

Von einem ganz anderen Menschen erzählt der französische Schriftsteller Albert Camus in seiner Novelle „Der Fall"[2]. Er heißt Johannes Clamans und ist Anwalt. Spezialisiert auf „Witwen und Waisen". Ein feiner Mensch. Ein gepflegter Mensch. Ein zuvorkommender Mensch. Ein guter Mensch. Obwohl er gleich am Anfang der Erzählung preisgibt:

„Immerhin, gepflegter Stil und Seidenhemden haben miteinander gemein, dass sie nur allzu oft einen hässlichen Ausschlag verbergen."

Die Novelle ist seine Lebensbeichte.

„Ich liebte es zum Beispiel ungemein, den Blinden beim Überqueren der Straße zu helfen. Sobald ich von Weitem den Stock eines Blinden an einem Randstein zögern sah, stürzte ich herbei, kam manchmal um Sekundenlänge einer schon hilfsbereit ausgestreckten Hand zuvor, entriss den Blinden jeder fremden Obhut und führte ihn mit sanfter, doch fester Hand über den Fußgängerstreifen, zwischen den Hindernissen des Verkehrs hindurch, zum sicheren Port des gegenüberliegenden Gehsteigs, wo wir uns gerührt voneinander trennten."

Manchmal, erzählt er verschämt schmunzelnd, hätte er sogar in der Versuchung gestanden, sich vor den umstehenden Passanten zu verneigen, um ihren Applaus entgegenzunehmen.

Ein sehr christlich gesinnter Freund habe ihm einmal erzählt, dass er immer ein gewisses Unbehagen empfinden würde, wenn er einen Bettler auf sein Haus zukommen sah. Clamans hingegen bekennt: „Mit mir war es noch schlimmer bestellt: Ich frohlockte."

Sein Glück nährt sich aus seiner Zuvorkommenheit. Er findet seinen Lohn im dankbaren Lächeln der anderen.

Als ein Freund ins Gefängnis kommt, tauscht er selbst sein warmes, weiches Bett mit dem nackten Fußboden in seinem Schlafzimmer. Er will es nicht besser haben als sein Freund. Und freut sich wie ein kleines Kind darüber, dass der andere sich freut. Mehr: dass er ihn als besten Freund preist, der auf dieser Erde vorstellbar ist. Als durch und durch guten und selbstlosen Menschen.

Doch Clamans kommt seiner scheinbaren Selbstlosigkeit nach und nach auf die Spur. Er entdeckt schmerzhaft, dass seine Bescheidenheit nur Mittel zum Zweck ist. Zum Selbstzweck.

„Der Vorderseite all meiner Tugenden entsprach somit eine weniger erbauliche Kehrseite."

Seine allzu glatte Fassade bekommt einen endgültigen, nicht mehr kittbaren Riss, als er eines Nachts über eine Seine-Brücke geht und hört, wie eine junge Frau ins Wasser springt, um sich das Leben zu nehmen. Er hat sie schon vorher beobachtet und geahnt, was sie vorhat. Einen Moment überlegt er, ihr nachzuspringen und sie zu retten. Doch er springt nicht. Es ist kein Publikum da. Es ist dunkel. Es ist kalt. Und das Wasser ist nass. Ein Gutmensch entdeckt entsetzt, dass er vielleicht doch ein Schlechtmensch ist. Dass er nichts wirklich für andere getan hat, sondern alles immer nur für sich selbst.

Die Geschichte endet mit einem Verzweiflungsschrei:

„O Mädchen, stürze dich nochmals ins Wasser, damit ich ein zweites Mal Gelegenheit habe, uns beide zu retten!"

Doch die Selbstberuhigung folgt auf dem Fuß:

„Ein zweites Mal, ha!! Welch ein Leichtsinn! Stellen Sie sich doch vor, lieber Herr Kollege, man nähme uns beim Wort! Dann müssten wir ja springen! Brr, das Wasser ist so kalt! Aber keine Bange! Jetzt ist es zu spät, es wird immer zu spät sein. Zum Glück!"

Schlechtmenschen, Gutmenschen – so einfach ist die Unterteilung eben nicht. Und so gilt wohl beiden das Versprechen der Jahreslosung:

„Ich schenke euch ein neues Herz und lege einen neuen Geist in euch."

Weil beide es nötig haben. Bitter nötig. Und weil beide geliebt sind. Grenzenlos geliebt.

Herztöne und Geistesblitze

Wer bin ich? Sie sagen mir oft,
ich träte aus meiner Zelle
gelassen und heiter und fest,
wie ein Gutsherr aus seinem Schloss.
Wer bin ich? Sie sagen mir oft,
ich spräche mit meinen Bewachern
frei und freundlich und klar,
als hätte ich zu gebieten.

Wer bin ich? Sie sagen mir auch,
ich trüge die Tage des Unglücks
gleichmütig lächelnd und stolz,
wie einer, der Siegen gewohnt ist.

Bin ich das wirklich, was andere von mir sagen?
Oder bin ich nur das, was ich selbst von mir weiß?
Unruhig, sehnsüchtig, krank, wie ein Vogel im Käfig,
ringend nach Lebensatem, als würgte mir einer die
Kehle,
hungernd nach Farben, nach Blumen, nach Vogelstim-
men,
dürstend nach guten Worten, nach menschlicher Nähe,
zitternd vor Zorn über Willkür und kleinlichste Krän-
kung,
umgetrieben vom Warten auf große Dinge,
ohnmächtig bangend um Freunde in endloser Ferne,
müde und leer zum Beten, zum Denken, zum Schaffen,
matt und bereit, von allem Abschied zu nehmen?
Wer bin ich? Der oder jener?
Bin ich denn heute dieser und morgen ein andrer?
Bin ich beides zugleich? Vor Menschen ein Heuchler

und vor mir selbst ein verächtlich wehleidiger Schwäch-
ling?

Oder gleicht, was in mir noch ist, dem geschlagenen
Heer,
das in Unordnung weicht vor schon gewonnenem
Sieg?

Wer bin ich? Einsames Fragen treibt mit mir Spott.
Wer ich auch bin, Du kennst mich, Dein bin ich, o Gott!

Dietrich Bonhoeffer 1943.
Aus „Widerstand und Ergebung"[3]

3 Erlöse uns von dem Bösen

Es steht als Bitte im Vaterunser. Ziemlich weit hinten. „Erlöse uns von dem Bösen." Um dann gleich in den Jubelgesang überzugehen: „Denn dein ist das Reich und die Kraft und die Herrlichkeit in Ewigkeit." Weil man sich nie zu lange beim Bösen aufhalten soll. Damit es nicht Herz und Hirn und Gedanken und Gefühle belegt und belagert.

Das Vaterunser, die Mutter aller Gebete. Das Maß aller Gebete. Steinalt und jeden Tag neu. Martin Luther empfiehlt tatsächlich, es jeden Tag zu beten. Und das gleich mehrfach. Obwohl er weiß, dass dieses Gebet ein Märtyrer ist. „Das Vaterunser ist der größte Märtyrer auf Erden. Denn jedermann plagt's und missbraucht's", hat er einmal geschrieben. Weil dieses Gebet häufig nur gedankenlos dahingeplappert wird. Dahingeplappert wurde, muss man vielleicht eher sagen. Denn es gerät genauso in Vergessenheit wie andere grundlegende Texte des christlichen Glaubens.

Und trotzdem. Luther würde dieses Gebet auch heute noch empfehlen; wie er das vor rund 500 Jahren seinem Barbier Beckendorf empfohlen hat. Denn in diesem Gebet steckt alles drin, was einer beten kann und beten soll. Schließlich ist es das „Gebet des Herrn". Von Jesus höchstpersönlich formuliert, nachdem ihn die Jünger gefragt hatten, wie Beten eigentlich geht. Kurz und gut und gefüllt. Die ganze Erde und der ganze Himmel.

Mit diesem Gebet bitten wir Gottes Herz und seinen Geist mitten in unser Leben hinein. In unsere Gefühle und Gedanken. In unser Herz und in unsere Handlungen. Und wir bitten, dass Gott wegnimmt, was ihn daran hindern könnte.

Am Schluss dieses gewaltigen Gebetes steht das gewaltige: „Erlöse uns von dem Bösen!" Von dem Bösen in dieser Welt und in unseren Herzen. Von dem Bösen um uns und in uns. Erlöse uns heute. Erlöse uns täglich neu.

Ist hier eigentlich *das* Böse gemeint? Das Böse schlechthin und überhaupt? Oder *der* Böse? Der Teufel, der Satan, der Diabolos, der große Widersacher Gottes?

Ich glaube, beides. Denn das Böse ist wohl nicht von dem Bösen zu trennen. Auch wenn der Böse lange als mittelalterlicher Popanz belächelt wurde.

In den 60er-Jahren gab es dazu – quasi als Protestsong – einen eindrucksvollen Schlager von Ralf Bendix: „Alle Leute sagen, es gäbe keinen Teufel". Ein paar Textzeilen:

> „Kannst Du mir sagen, wo die Angst herkommt
> in der Nacht, wenn es klingelt an der Tür?
>
> Kannst Du mir sagen, wo die Sucht herkommt
> nach dem Rausch, dem Vergessen, nach dem Geld?
>
> Kannst Du mir sagen, wo die Hast herkommt,
> die jeden Tag meines Lebens bestimmt?
>
> Aber alle Leute sagen, es gäbe keinen Teufel.
>
> Ich weiß, es gibt den Teufel, denn ich kenne ihn,

und er kennt mich leider auch, und kennt mich gut.
Was soll ich tun? Ich weiß es,
und ich schreie dann,
schreie um Hilfe, ob mich einer retten kann."[4]

Was schreit man denn da? Am besten wohl das: „Vater unser, erlöse uns von dem Bösen!" Ja, ja, ja! Immer und immer wieder. Erlöse uns, Vater im Himmel! Jede Minute unseres Tages und irgendwann ganz und gar. Das Böse, der Böse, der uns entfremdet, sich zwischen uns und Gott schiebt, zwischen uns und unsere Mitmenschen. Das Böse, der Böse, der uns ins Dunkel lockt. Der uns alle Hoffnungen erbarmungslos austreiben will. Das Böse, der Böse, der sich an die Stelle Gottes setzen will. An die Stelle der Liebe und des Erbarmens und des Lichtes. Das Böse, der Böse, dessen Bosheit darin gipfelt, dass er sich als der Gute darstellt. Der Fürst der Finsternis gibt den „Engel des Lichts". Darauf weist Paulus in seinem 2. Brief an die Korinther hin.

Es ist da. Er ist da. Dunkel und hell zugleich. Er umzirzt und betört uns. Er bedroht und bedrückt uns. Wir müssen auf der Hut sein. Auf der Hut und – besser noch – an der Hand. An der Hand des einzig guten Hirten, unseres Herrn Jesus Christus. An der Hand dessen, der das Licht ist. Das Licht und die Liebe.

Darum wollen wir es beten, heute und immer wieder: „Erlöse uns von dem Bösen! Und schenke uns dein Herz! Schenke uns deinen Geist! Denn dein ist das Reich und die Kraft und die Herrlichkeit in Ewigkeit. Amen."

Herztöne und Geistesblitze

So mancher meint, ein gutes Herz zu haben, und hat doch nur schwache Nerven.

Marie von Ebner-Eschenbach

4 Und wer bin ich?

Wir wohnten im 3. Stock, damals, als ich 15 oder 16 war und meine Füße noch unter Papas Tisch streckte. Unsere Wohnung heizten wir mit Kohleöfen. Die Kohlen waren im Keller, also vier Stockwerke unter uns. Es gab natürlich mehrere Kohleöfen und ihr Hunger schien unersättlich. Sah ich ein oder zwei leere Kohlenschütten vor der Wohnungstür stehen, wusste ich, was die Stunde geschlagen hatte. Manchmal versuchte ich mich dann heimlich nach oben zu schleichen. Oben, also im 4. Stock, war meine Bude. Irgendwann dann aber drang die Stimme meiner Mutter durch die Musik der Beatles und der Kinks, die ich vorsorglich schon ein bisschen lauter gestellt hatte. „Holste bitte mal Kohlen rauf?" Ein paar Minuten versuchte ich, diese unangenehme Aufforderung zu überhören. Schließlich aber stand sie in meiner Bude. „Hörst du nicht?"

Natürlich hatte ich gehört, aber ich wollte nicht hören. „Kann das nicht mal jemand anders machen?", maulte ich. Aber wer außer mir hätte das schon machen können? Mein Bruder war zu klein, mein Vater im Büro und meine Mutter – na ja, so ein bisschen was von einem Kavalier hatte man mir denn doch anerzogen.

So ließ ich mich also erweichen, nahm die beiden leeren Kohlenschütten, stiefelte vier Stockwerke runter in den kalten und ein bisschen unheimlichen Keller, füllte die Kohlenschütten auf, machte mir dabei Finger und Hemd schmutzig und schleppte das Ganze missmutig wieder nach oben. Unterwegs traf ich meinen Vater. Der kam gerade vom Büro zurück. Ich setzte ein Gesicht auf, das ihm deutlich machen sollte, welch unwürdige Tätigkeit ich hier wieder mal zum Wohl der Familie verrichtete. Zur Verstärkung murmelte ich noch ein ärgerliches: „Immer muss ich die blöden Kohlen aus dem Keller holen." Manchmal lächelte mein Vater dazu. Manchmal ärgerte er sich. Und einmal sagte er den Satz, der mich die nächsten Wochen immer wieder mal beschäftigen sollte, nämlich:

„Und du willst Christ sein!"

Das saß. Ich ging zum CVJM, war dort Mitarbeiter. Ich ging sonntags zur Kirche. Ich beschäftigte mich mit der Bibel. Ich betete. Das alles war meinen Eltern damals noch ein bisschen fremd. Ihr Sohn war Christ, okay. Aber wenn das schon so war, dann sollte er sich bitte schön auch entsprechend benehmen und die Kohlen aus dem Keller holen, ohne eine Fleppe zu ziehen.

„Und du willst Christ sein!"

Den Satz bekam ich immer wieder mal um die Ohren gehauen, auch von Klassenkameraden. Komisch, dachte ich zuweilen, jeder scheint ganz genau zu wissen, was ein Christ ist, wie er sich zu benehmen hat, was er zu tun und zu lassen hat. Ein Christ – das war für sie offensichtlich einer, der immer gut gelaunt war, hilfsbereit und engagiert, ehrlich und anständig. Einer ohne egoistische Hintergedanken, mit einem durch und durch reinen Herzen. Und mit einer sauberen Weste. Ein Gutmensch ohne Fehl und Tadel. Winnetou, Old Shatterhand und Mutter Teresa in einer Person.

Dabei kannte ich mein Herz.

Manchmal, ich geb's ja zu, durchzuckte mich der Gedanke: Ich will kein Christ mehr sein. Ich schaff das nicht. Die Erwartungen sind zu groß. Die Erwartungen der anderen und meine eigenen Erwartungen. Von den Erwartungen Gottes ganz zu schweigen.

Ich habe es nicht gelassen damals, bis heute nicht gelassen, nicht zuletzt deswegen, weil mir irgendwann klar wurde, dass das Christsein im Grunde etwas ganz anderes ist, als ein guter Mensch sein zu wollen. Einer meiner Freunde hat mir damals einen Satz gesagt, der alles auf den Kopf stellte, nämlich: „Christen sind nicht besser, Christen haben es besser." Oder: Christen haben kein reines Herz. So wenig wie andere Leute. Aber sie kriegen eins. Immer wieder.

Wie David. Zum Beispiel. Das Alte Testament erzählt von ihm. David war der Sohn eines Viehzüchters, aber er sollte der zweite König des Volkes Israel werden. David war ein Liederdichter. Viele der Psalmen stammen aus seiner Feder. Ein Politiker also und ein Künstler. Eine eigenwillige Kombination.

Als König residierte David in Jerusalem, der Hauptstadt seines Reiches. Er hatte alles, was man als König zu haben hat: Macht, Reichtum und Menschen, über die er verfügen konnte. David hatte schon eine Frau. Eines Tages aber beobachtete er vom Dach seines Palastes die rituelle Waschung einer schönen jungen Frau. David war wie vom Blitz getroffen. Die muss ich haben, schoss es durch seinen Kopf. Kein Problem. Er war der König. Die Frau hatte zu kommen, und er schlief mit ihr. Die Frau wurde schwanger. Auch das wäre kein Problem gewesen, wenn, ja, wenn die Frau nicht auch verheiratet gewesen wäre. David hatte Ehebruch begangen und den hatte der Gott, an den David glaubte, verboten.

Was tun? David dachte sich eine List aus. Der Mann seiner Geliebten war Soldat und gerade in einen Krieg verwickelt mit einem der Nachbarvölker. David, ganz der großzügige König, gewährte ihm ein Wochenende Heimaturlaub – für besondere Verdienste sozusagen. Der gehörnte Ehemann kam. Trotzdem ging die Rechnung nicht auf. „Ich kann nicht bei meiner Frau schlafen, wenn meine Kameraden im Staub lieben", sagte er und übernachtete im Freien, worauf David einen Schritt weiter ging. Er versetzte den Soldaten in die erste Kampfreihe – ein beinahe sicheres Todesurteil. Diesmal ging der Plan auf. Der Soldat wurde erschlagen. Die Frau gehörte endgültig ihm. Niemand würde etwas merken.

Das ging gut, solange es gut ging. Eines Tages nämlich kam ein weiser Mann zu David, ein Prophet. Gott hatte ihn geschickt. Dieser Prophet erzählte dem König eine typisch orientalische Geschichte. Ein reicher Mann kam in dieser Geschichte vor, einer, der eine große Herde besaß, und ein armer Mann, der nur ein einziges Schaf besaß. Nun, so erzählte der weise Mann, bekam der Reiche eines Tages Besuch. Dem hatte er einen ordentlichen Braten vorzusetzen. Die Tiere seiner eigenen Herde aber wollte er dafür nicht antasten, so ließ er das einzige Schaf des armen Mannes holen. Als reicher Mann hatte er das Recht dazu. Dieses Schaf ließ er schlachten, zubereiten und servieren, worauf der arme Mann vor Kummer starb. Ende der Geschichte.

Im Musical „David – ein Sänger, ein König"[5], das ich mit Johannes Nitsch geschrieben habe, klingt diese Geschichte so:

In einer Stadt, nicht weit von hier,
da lebte er allein.
Ein kleines Schaf war sein Pläsier,
genug zum Glücklichsein.
Ein armer Mann, war jedem klar,
der seine Hütte sah.
Doch er war nicht mal undankbar,
fand sein Schicksal annehmbar.

Ein andrer Mann in dieser Stadt
war ausgesprochen reich.
Was jener in der Einzahl hat,
hatte der zu tausend gleich.
Man grüßte ihn, sah man ihn an
mit Achtung und Respekt.
Er war dem Leben zugetan
und hat es nicht versteckt.

Der Reiche nun bekam Besuch.
Was sollte er servieren?
Denn hatte er auch Fleisch genug,
er wollte nichts verlieren.
Da hörte er von jenem Mann,
vom Schaf, das der besaß.
Das ließ er holen, ließ er schlachten,
hatte seinen Spaß.

Den Armen hat das umgebracht,
den Reichen nicht gerührt.
Im Stillen hat er noch gelacht,
als er davon gehört.
Das alles, König, ist passiert
in deinem Staat und Reich.
Denk nach, was jenem Mann gebührt,
und sprich dein Urteil gleich.

David war außer sich vor Zorn. Sollte das in seinem Reich passiert sein, dann wüsste er, was er mit dem reichen Mann zu tun hätte. Als König war er auch der oberste Richter. Eine solch bodenlose Gemeinheit konnte er nicht dulden. „Sag mir den Namen des Mannes, Prophet!", tobte er. Nach einer kleinen Pause kam die Antwort:

„Du bist der Mann."

Davids Verteidigungswälle brachen augenblicklich zusammen, denn er wusste, dass das nicht nur das Wort eines Menschen war, sondern das Wort Gottes. Seine Schuld, die er monatelang versteckt hatte, vor sich selbst, vor anderen Menschen und vor Gott, diese Schuld war brutal ans Tageslicht gezerrt worden. Es gab keine Ausrede mehr, keine Entschuldigung.

David hatte über sich selbst das Urteil gefällt.

In dieser Gemütsverfassung schreibt er einen Psalm. Die Bibel führt ihn als Psalm 51 auf. Ein paar Sätze daraus:

„Gott, sei mir gnädig um deiner Gnade willen und vergib mir meine Sünden nach deiner großen Barmher-

zigkeit. Wasche mich rein von meiner Schuld und reinige mich von meiner Sünde. Denn ich bekenne meine Sünde, die mich Tag und Nacht verfolgt. Gegen dich allein habe ich gesündigt und getan, was in deinen Augen böse ist. Darum wirst du recht behalten mit dem, was du sagst, und dein Urteil über mich ist gerecht. Denn ich war ein Sünder – von dem Augenblick an, da meine Mutter mich empfing. Dir gefällt ein Herz, das wahrhaftig ist; und im Verborgenen lehrst du mich deine Weisheit. Wasche von mir ab meine Sünden, und ich werde ganz rein werden; wasche mich, und ich werde weißer sein als Schnee. Gib mir meine Freude zurück und lass mich wieder fröhlich werden, denn du hast mich zerbrochen. Sieh meine Sünde nicht mehr an und vergib mir meine Schuld. Gott, erschaffe in mir ein reines Herz und gib mir einen neuen, aufrichtigen Geist. Verstoße mich nicht aus deiner Gegenwart und nimm deinen Heiligen Geist nicht von mir. Lass mich durch deine Hilfe wieder Freude erfahren und mach mich bereit, dir zu gehorchen."
(Verse 3-14; NLB)

In unserem David-Musical klingt das so:

Gott, sei mir gnädig,
vergib mir meine Schuld!
Lass deine Gnade siegen
und sprich wieder mit mir!

Wasch die Sünde ab,
die mich quält,
die mich erschrecken lässt
vor mir selbst!

Reinige mich durch und durch,
mach mich neu!

Schick mich nicht in die Einsamkeit!
Ich brauche deinen Geist.
Ich brauche deine Hilfe.
Ohne dich bin ich ein Nichts.

Und im Hintergrund singt der Chor die geradezu un-
glaubliche Antwort Gottes, frei nach Psalm 23, den David
später schreiben wird:

Wenn dich Dunkelheiten umfangen,
geht er schweigend neben dir.
Kein Unglück mache dir Angst!
Er lässt deine Hand niemals los.
Wenn Feinde dich drohend umlagern,
deckt er für dich den Tisch.
Du lebst von seiner Güte.
Mit Liebe leitet er dich.

Tatsächlich richtet ihm der Prophet von Gott aus: „Der
Herr hat dir vergeben. Du wirst nicht sterben. Doch wegen deiner Tat spotten die Feinde Gottes noch mehr über
dich. Darum muss der Sohn, den die Frau dir geboren hat,
sterben."

So geschieht's. Doch wenig später bekommt die Frau wie-
der einen Sohn von David, dessen Namen kennen Sie.
Er wird viele Jahre später die Nachfolge Davids auf den
Thron antreten: Salomo.

Eine eindrucksvolle Geschichte aus dem Alten Testament. Sie zeigt: Auch Gutmenschen sind zuweilen Schlechtmenschen. Auch Menschen, die an Gott glauben, haben nicht ganz selbstverständlich ein reines Herz. Sie werden schuldig.

Wenn wir die Bibel durchlesen, entdecken wir jede Menge Davids …

Die Bibel will nämlich nicht von guten Menschen erzählen. Sie erzählt von einem guten Gott. Von einem grenzenlos guten Gott. Einem „Backofen voller Liebe", wie Martin Luther das einmal ausgedrückt hat. Das muss man wohl sein, wenn man sich auf diese Menschen einlässt. Auf David. Auf uns. Auf mich.

Wir werden Gott nicht gerecht. Seinen Ansprüchen an uns. Nie. Unser Herz ist nicht rein. Darum droht uns die Todesstrafe.

Und Gott vollstreckt sie.

An sich selbst.

An seinem Sohn.

Wer sich darauf beruft, sich darauf verlässt, wird freigesprochen. Ist fortan unschuldig wie ein neugeborenes Kind.

Die Bibel sagt, dass Christus stellvertretend für die Schuld der ganzen Welt gestorben ist, auch für meine. Dass sich der Zorn Gottes auf ihm entladen hat, auf seinem Sohn, damit ich, damit wir, damit Menschen wie David und Millionen andere straffrei ausgehen können.

Wir Menschen haben kein reines Herz. Wir bekommen es. Geschenkt. Von Gott. Durch Christus. Ein Herz wird rein, wenn es sich von ihm reinwaschen lässt. Immer wieder. Ein solches Herz bekommt Augen. Augen des Herzens. Die sehen die Menschen in ihrer Umgebung in einem neuen Licht. Und sie sehen, dass Gott nicht ihr Richter ist, sondern ihr Vater. Und sind unendlich dankbar. Denn ihm verdanken sie ihr Leben.

Christen haben kein reines Herz. So wenig wie andere Leute. Aber sie kriegen eins. Das Herz des Vaters.

Herztöne und Geistesblitze

Die Anti-Helden der Bibel – eine Auswahl

Abraham hat gelogen.
Noah hat getrunken.
Isaak war ein Tagträumer.
Jakob war ein Betrüger.
Josef war verwöhnt.
Mose war ein Mörder.
Simson hatte lange Haare.
Rahab war eine Prostituierte.
David hatte eine Affäre.
Elia war selbstmordgefährdet.
Jeremia war depressiv.
Jona rannte Gott weg.
Martha war ein Workaholic.
Maria war bequem.
Zachäus war zu klein.
Petrus hat Jesus verleugnet.
Thomas hat gezweifelt.
Markus hat aufgegeben.

5 Das Herz des Vaters

Er hatte alles durchgebracht. Alles, was der Vater ihm anvertraut hatte. Ihm ausgezahlt hatte, lange vor der Zeit. Er war der unangepasste Sohn gewesen, der sich nie zufriedengegeben hatte mit dem, was er vorgefunden hatte. Immer hatte er anderes gewollt. Mehr. Immer hatte er den Eindruck gehabt, das wahre Leben spiele sich jenseits der heilen Welt seiner Eltern und Geschwister ab. Irgendwann dann hatte er's einfach mal probiert. Und hatte gefordert, was man eigentlich nicht fordern darf: „Vater, gib mir die Hälfte dessen, was mir nach deinem Tod zustehen würde. Ich will weg! Ich muss weg! Sonst ersticke ich."

Und der Vater hatte ihn ausbezahlt und hatte ihn ziehen lassen. Einfach so.

Und nun? Nun hatte er alles durchgebracht. Alles, was er damals bekommen hatte. Der unangepasste Sohn war der gescheiterte Sohn. Der sich nicht mehr blicken lassen durfte auf dem Hof seines Vaters. In der Familie. Beim Gesinde. Sie würden sich über ihn hermachen. Ihn zu Tode tuscheln. Ihn auslachen. Ihn verachten. „Schaut ihn euch an, diesen Schlechtmenschen!"

Aber die Verzweiflung war so groß, dass er bereit war, all das auf sich zu nehmen. Nur wieder ein Dach über dem Kopf haben! Nur wieder so etwas wie ein Zuhause haben! Nur wieder etwas zum Beißen haben! Nur wieder irgendwo dazugehören! Wenn auch verachtet und verlacht.

Von den Schweinetrögen, an denen er zuletzt gesessen und gegessen hatte, taumelte er zurück in die alte verlorene Heimat. Überlegte sich tausendmal auf dem Weg, was er sagen könnte. Fragte sich genauso oft, ob er nicht besser umkehren sollte. Was wäre die größere Schmach? Zurückkommen und eingestehen, dass alles, aber auch alles, schiefgegangen war? Oder weiter hungern und betteln?

Und dann ist er da.

In einem Lied[6] habe ich seine Gemütsverfassung so nachempfunden:

Da bin ich: verschwitzt und verbogen.
Verdreckt und verschreckt und verheult.
Ausgebrannt, leer und betrogen.
Die Seele zerschrammt und verbeult.

So komm ich zu dir, komm ich zu dir,
so komm ich zu dir, guter Gott, guter Vater, mein Freund.

Bin rastlos und ratlos und müde,
die Hoffnung verspielt und vergeigt.
Ciao und ade, Seelenfriede –
was in mir gesungen hat, schweigt.

So komm ich zu dir, komm ich zu dir,
so komm ich zu dir, guter Gott, guter Vater, mein Freund.

Mit offenen Augen und Ohren,
wie einer, der wirklich versteht.
Zum Helfen und Heilen geboren:
der eine, der nie wieder geht.

So kommst du zu mir, kommst du zu mir,
so kommst du zu mir, guter Gott, lieber Jesus, mein Freund.

Und dann kommt diese völlig unerwartete und unverhoffte Szene. Eine Szene, die das ganze Evangelium beschreibt: Der Vater steht schon am Horizont. Wartet. Und als er ihn erkennt, den verlorenen und verzweifelten Sohn, rennt er ihm entgegen und schließt ihn in die Arme. Schiebt ihm den Familienring zurück auf den Finger, der vor Schweinemist starrt, und zieht und schiebt seinen Sohn zurück ins Heimathaus. Und damit ins Leben.

Und da beginnt ein himmlisches Fest. Ein Lebensfest, das seinesgleichen sucht.

Wie der Vater. Er sucht auch seinesgleichen. Denn wer tut so etwas? Wer ist dazu fähig? Jesus, der diese Geschichte erzählt hat, sagt: Da gibt es nur einen: den Vater im Himmel. Gott. Den Gott der ausgebreiteten Arme.

Ich stelle mir vor, dass die ausgebreiteten Arme des Vaters in dieser ganz und gar einmaligen Geschichte die ausgebreiteten Arme des Mannes am Kreuz sind. Durchbohrte Arme. Durchbohrt für die Gottvergessenheit der Menschen. Gott – das ist auch Jesus.

Der sagt es so:

„Wer zu mir kommt, den werde ich nicht hinausstoßen."
Johannes 6, Vers 37 (LUT)

Ebendas ist das Evangelium, die gute Nachricht, ach was, die beste Nachricht, die je auf dieser Erde verkündet worden ist. Jesus nimmt die Sünder an. Die Davongelaufenen, die Gescheiterten, die Verzweifelten. Er rennt ihnen entgegen wie der Vater in der Geschichte, die ich eben erzählt habe. Jesus selbst ist ja der Gott, der seinen Menschen entgegenrennt. Bis auf die Erde. Bis in ihren Alltag. Bis in ihre Verzweiflung.

Und warum tut Gott das? Weil er uns unendlich liebt. Und weil er unser Vorbild sein will. Weil er möchte, dass wir auch so ein Vater und so eine Mutter werden. Barmherzig sind wie er. Verzeihend sind wie er. Einen langen Atem haben wie er.

Solche Väter und Mütter brauchen wir. Dringend.

Ich denke an meinen Vater. Er ist gestorben, als ich 28 war. Seitdem denke ich häufig: Könnte ich doch jetzt einfach mal Papa anrufen.

Mein Vater war mein Vater. Ich war ihm wichtig. Ich war sein Sohn. Er kannte mich wie kein Zweiter. Ich musste ihm nichts vormachen. Ich konnte ihm nichts vormachen. Er wusste, was ich konnte und was nicht. Er wusste, was gut für mich ist. Und er hatte mich gern.

Die Sehnsucht nach ihm erwischt mich zuweilen völlig unerwartet. Vor allem dann, wenn ich einem alten weisen Mann begegne.

Als ich im ERF die Leitungsverantwortung übernommen hatte, habe ich gebetet, dass ich einen neuen „Vater" treffen würde. Einen, dem es nicht zunächst um seine eigenen

Befindlichkeiten ging, sondern um meine. Nicht zunächst um die Rolle, die er selber zu spielen gewillt war, sondern um die, die ich zu spielen hatte. Dem nicht zunächst sein eigenes Wohlergehen wichtig war, sondern meins. Der zuhören konnte und mitdenken und mitfühlen und der das nicht vor allem von mir erwartete.

Ich habe ihn nicht gefunden, diesen „Vater". Höchstens für ein paar kurze Glücksmomente.

Sternschnuppenväter.

Na ja, vielleicht kann einer ja auch gar nicht der Vater sein für einen, dessen Vater er nicht ist. Und vielleicht bin ich ja auch viel zu anspruchsvoll.

Aber steckt diese Sehnsucht nicht tief in jedem, der sich vaterseelenallein auf diesem sich immer schneller drehenden Globus zu bewähren hat?

Die alte jüdische Weisheitsliteratur ermuntert Menschen immer wieder, der Spur dieser Sehnsucht zu folgen.

> Jesus Sirach 6,36:
> „Wenn du einen klugen Menschen gefunden hast, dann steh früh auf und geh zu ihm! Betritt sein Haus so oft, dass seine Türschwelle abgenutzt wird."

Aber du hast doch Gott als Vater, hat manch frommer Mensch eingewendet, wenn ich ihm meine Sehnsucht verraten habe. Das stimmt, habe ich dann geantwortet. Und das ist das große Glück meines Lebens. Aber der Vater im Himmel kann und will nun einmal nicht den handfesten Vater auf dieser Erde ersetzen.

Wir sprechen manchmal davon, dass wir in einer vaterlosen Gesellschaft leben. Das mag auch daran liegen, dass niemand mehr Vater sein will, sondern „Sohn" bleiben möchte. Forever young. forever son. Einer, der sich fördern lässt, statt andere zu fördern. Der sich bereitwillig stützen und unterstützen lässt, statt andere zu stützen und zu unterstützen. Der nie vom Verzehrer zum Ernährer wird.

Vater verzweifelt gesucht! Bis zum letzten Atemzug.

Dabei sollen wir erwachsen werden. Irgendwann selber Vater werden.

Wie eben in der Geschichte vom verlorenen Sohn. Die uns wohl nicht nur sagen möchte, dass wir immer zurückkommen dürfen zum Vater, sondern auch, dass wir selber solch ein Vater werden sollen, zu dem andere zurückkommen können. So eine Mutter.

Bin ich dazu bereit? Für meine Kinder und Enkel? Für meine Freunde? Überhaupt für Menschen, die mich brauchen?

Diese anrührende Geschichte erzählt, was so einen Vater kennzeichnet und auszeichnet:

> Es war einmal ein weiser Rabbi, zu dem kamen viele Menschen, um ihn um Rat zu fragen. Sie kamen mit all ihren Problemen zu ihm. Für alle hatte er ein Wort, für alle einen weisen Rat. Er sprach zu ihnen, machte ihnen Mut und stärkte sie für ihren Weg. Und am Ende segnete er sie.

Mit der Zeit jedoch wurden seine Reden kürzer. Er sprach nur noch wenig, manchmal nur ein einziges Wort. Aber am Ende segnete er sie.

Eines Tages geschah es allerdings, dass er gar nicht mehr sprechen konnte, denn er war stumm geworden. Dennoch kamen alle Leute weiter zu ihm und suchten seine Nähe. Nun, wo er nicht mehr sprechen konnte, hörte er den Menschen einfach zu, die zu ihm kamen und weinten und klagten, seufzten und stöhnten unter der Last ihres Lebens. Sie vertrauten ihm ihre Sorgen, Probleme und Nöte an. Der weise Rabbi hörte ihnen zu. Und am Ende segnete er sie.

Eines Tages geschah es, dass seine Ohren taub wurden. Er konnte nichts mehr hören. Aber auch das hinderte die Menschen nicht daran, weiter zu ihm zu kommen. Der weise Rabbi konnte ihnen weder ein Wort mit auf den Weg geben noch ihnen sein Ohr schenken, dennoch kamen die Menschen zu ihm. Was konnte der Rabbi nun noch für sie tun? Was hatte er ihnen zu geben? Er sah sie an mit seinem gütigen, liebevollen Blick … und er segnete sie.

Eines Tages geschah es, dass seine Augen blind wurden. Auch auch da kamen die Menschen weiter zu ihm. Und es kamen sogar immer mehr. Sie kamen und kamen.

Stumm, taub und blind war er nun. Der weise Rabbi konnte nicht mehr zu den Menschen sprechen, er konnte ihnen nicht mehr zuhören und sie nicht mehr ansehen … aber er segnete sie.

Eines Tages konnte er auch nicht mehr segnen. Nun hatte er scheinbar gar nichts mehr zu geben. Doch die Menschen kamen und kamen und kamen …

… und sie legten ihr Ohr an sein Herz.

Das ist Liebe. Väterliche Liebe. Mütterliche Liebe. Himmlische Liebe mitten in dieser Welt. Wir dürfen sie erfahren. Wir dürfen sie leben.

Ich habe aus dieser Geschichte ein Lied gemacht:

Sie kamen, sie suchten sein Ohr und sein Herz
Die gütigen Augen, ein lösendes Wort
Mit Sorgen, mit Fragen, mit Glück und mit Schmerz
Und gingen befreit und beseelt wieder fort

Er lauschte, er liebte, er lächelte mild
Und lockte das Schwerste und Tiefste ins Licht
Er ehrte das Kleine, verachtete nichts
Und saß über niemand und nichts zu Gericht

Dann wurd sein Blick trüber, er sah sie nicht mehr
Doch sie sahn: Das Lächeln der Augen starb nicht
Er lauschte, er liebte, er lächelte mild
Und lockte das Schwerste und Tiefste ins Licht

Dann starben die Ohren, er hörte nicht mehr
Doch fühlte sein Herz, was der Kopf nicht verstand
So kamen sie weiter, erzählten ihr Leben
Und atmeten auf unter seiner segnenden Hand

Dann brach seine Stimme, sein Mund wurde stumm
Kein Rat mehr, kein Segen, kein weltweiser Satz
Doch immer noch Güte, doch immer noch Liebe
Und jede Berührung ein himmlischer Schatz

Dann lahmten die Arme, zum Segnen zu schwach
Doch weiterhin suchten und fragten sie ihn
Erzählten und lachten und weinten sich leer
Und er weinte beinah noch mehr, wie es schien

Kein Ohr mehr, kein Mund mehr, kein Blick, der versteht
Und keine Berührung so sanft wie zuvor
Er war nur noch Liebe, war nur noch sein Herz
–
Und an dieses Herz legten sie nun ihr Ohr

Das Herz Gottes in einem Menschen. Ein Herz voller Liebe. Väterlicher Liebe. Mütterlicher Liebe. Himmlischer Liebe mitten in dieser Welt. Wir dürfen sie erfahren. Wir dürfen sie leben.

So unterschiedlich wir auch sind. So unterschiedlich wir auch bleiben.

Herztöne und Geistesblitze

Ein junger Jude kommt zu einem Rabbi und sagt: „Ich möchte gern zu dir kommen und dein Jünger werden."

Da antwortete der Rabbi: „Gut, das kannst du, aber ich habe eine Bedingung. Du musst mir eine Frage beantworten. Liebst du Gott?"
Da wurde der Schüler traurig und nachdenklich. Dann sagte er: „Eigentlich lieben, das kann ich nicht behaupten."

Der Rabbi sagte freundlich: „Wenn du Gott nicht liebst, hast du Sehnsucht danach, ihn zu lieben?"

Der Schüler überlegte eine Weile und erklärte dann: „Manchmal spüre ich die Sehnsucht danach, ihn zu lieben, recht deutlich, aber meistens habe ich so viel zu tun, dass diese Sehnsucht im Alltag untergeht."

Da zögerte der Rabbi und sagte dann: „Wenn du die Sehnsucht, Gott zu lieben, nicht so deutlich verspürst, hast du dann Sehnsucht danach, Sehnsucht zu haben, Gott zu lieben?"

Da hellte sich das Gesicht des Schülers auf und er sagte: „Genau das habe ich. Ich sehne mich danach, diese Sehnsucht zu haben, Gott zu lieben."

Der Rabbi entgegnete: „Das genügt. Du bist auf dem Weg."

6 Ein Herz für Gutmenschen

Ein Mensch hatte zwei Söhne …

Zwei. Ja, da war auch noch der andere. Der Brave, der Fleißige, der Anständige, der zu Hause gebliebene. Der Gute. Auch er war ein Sohn dieses Vaters! Bruder des verlorenen Sohnes. Des Schlechten. Aber selber vielleicht noch verlorener.

Er will nicht mitfeiern, als sein Bruder zurückkommt. Er will nicht. Er kann nicht. Mehr noch: Er ist stinksauer. Auf den vermaledeiten Bruder. Und auf den Vater, der diesen Hallodri so mir nichts, dir nichts wieder ins Haus aufnimmt. Ins Haus und ganz offensichtlich auch ins Herz. Weil er daraus nie hat weglaufen können.

Erinnerungen steigen auf. Ärger. Zorn. Wut. Alles hat tiefe emotionale Schleifspuren in seiner Seele hinterlassen. Damals, als der Bruder abgehauen ist. Mit der Hälfte des Vermögens …

„Krallt sich einfach das Geld und lässt mir alleine die Plackerei! Der ist für mich gestorben!"

Als er gehört hat, dass er das ganze sauer verdiente Geld auf den Kopf haut …

„Alles weg! Für immer weg. Sinnlos verprasst! Mit Heiden und Huren durchgebracht! Was hätten wir nicht alles mit diesem Geld machen können!"

Als er erfahren hat, dass sein Bruder am Boden ist, am Boden liegt, Schweine hüten muss ...

„Schweine! Kultisch unreine Tiere! Bei den Heiden ist er gelandet! In der absoluten No-go-Area. Im Aus. Das hat er nun davon! Geschieht ihm so was von recht!"

Vielleicht aber hat er seinen Bruder manchmal auch ein bisschen beneidet ...

„Warum darf der, was ich mir nie erlauben dürfte? Ich stecke fest in meiner kleinen verschwitzten und verklemmten Welt! Und er lässt die Puppen tanzen!"

Was denke ich eigentlich über meine verlorenen Brüder und Schwestern?

Ich gleiche diesem zweiten Sohn zuweilen ja doch viel mehr als dem ersten. War immer zu Hause, irgendwie. Bin niemals so wirklich ausgebrochen. Bin fromm, solange ich denken kann. Doch, ich geb's zu, manchmal war ich dabei nicht besonders froh. Das „große Leben", das haben immer die anderen gelebt. Die durften immer, was ich nicht durfte.

Nein, meine Eltern waren's nicht. Die waren keine Christen, als ich klein war, sie wurden es erst viele Jahre später. Es waren eher die verantwortlichen Mitarbeiter aus meinem CVJM, dem „Christlichen Verein Junger Männer", die darauf geachtet haben, dass wir Jungs „rein an Leib und Seele" blieben. Während die anderen, die aus meiner Klasse, machen konnten, wonach ihnen der Sinn stand.

Ich verdanke diesen Mitarbeitern unendlich viel. Manchmal sage ich: Alles, was ich kann, habe ich in meinem CVJM gelernt. Auch das Glauben. Aber manchmal war mir dann doch alles zu eng, zu spießig-miefig, wäre ich gern mit den anderen um die Häuser gezogen. Ohne Skrupel. Ohne schlechtes Gewissen. Aber klar: Ging ja nicht, durfte nicht sein. Ich war ja fromm. Und damit brav. Ein Guter zieht nicht mit den Schlechten um die Häuser.

Manchmal denke ich: Es gibt in unseren Gemeinden viele von diesen zu Hause gebliebenen Söhnen und Töchtern. Sie rümpfen die Nase über „die Außenstehenden", die „Ungläubigen", die „Verlorenen". Und schielen manchmal heimlich doch auch ein bisschen neidisch auf sie, weil sie sich scheinbar alles erlauben dürfen. Und mancher wäre manchmal vielleicht auch gern so ein verlorener Sohn, eine verlorene Tochter …

Zuweilen ergibt das eine eigenartige Gemengelage aus Bitterkeit, Überheblichkeit und Hartherzigkeit.

Mit der Geschichte vom Pharisäer und vom Zöllner, die beide im Tempel beten, illustriert Jesus den Charakter der beiden Söhne noch einmal anders (vgl. Lukas 18, ab Vers 10). Der fromme Pharisäer blickt verächtlich und herablassend zum Zöllner, der neben ihm betet: „Danke, Gott, dass ich nicht so bin wie der!" Dabei wär er's manchmal heimlich vielleicht gern gewesen. So skrupellos, so opportunistisch, so reich.

Der Zöllner wiederum betet: „Gott, sei mir Sünder gnädig!"

Nur der „kehrt als Gerechter nach Hause zurück", sagt Jesus. „Denn wer sich selbst erhöht, wird erniedrigt; wer sich aber selbst erniedrigt, wird erhöht werden"(Vers 14; EÜ).

Bin ich nicht oft so wie der Pharisäer, wie der zu Hause gebliebene Sohn? Sind wir nicht oft so? Wir Christen? Kann man fromme Menschen nicht manchmal vor allem daran erkennen, dass sie sich über andere erheben? Dass sie alles besser wissen?

Doch der erhobene Zeigefinger ist keine Frucht des Heiligen Geistes!

Viele achten auf die richtige Lehre und auf die richtige Moral, wenigstens äußerlich – und haben dabei aufgehört zu leben und zu lieben – den Vater, die verlorenen Söhne und Töchter und wohl auch sich selber.

Und die Guten sind nicht mehr die Guten.

Mancher nennt die Geschichte vom verlorenen Sohn darum die Geschichte von den verlorenen Söhnen.

Was aber soll dieser zweite Sohn tun? Auch abhauen? Was soll der Pharisäer tun: auch Zöllner werden und anderen das Geld aus der Tasche ziehen? Was soll ich tun? Die Biografie meines Lebens umschreiben?

Nein! Auch wir sollen umkehren und heimkommen! Dürfen umkehren und heimkommen. Zum Vater kommen, uns in den Arm nehmen lassen, uns die Bitterkeit vergeben lassen, heulen über die eigene Undankbarkeit und Lieblosigkeit. Und dann mitfeiern! Die Liebe des Vaters feiern! Und neu staunen über seine unendliche Liebe. Über seinen Reichtum. Und dass er uns daran Anteil gibt.

Das Herz des Vaters will harte Herzen weichlieben.

Wir alle sind zum Fest eingeladen: verlorene Söhne und Töchter und Zuhausegebliebene. Wir dürfen zu unserem Vater kommen. Er wartet. Er will uns mit seiner Freundlichkeit überschütten. Mit seiner Gnade. Will uns mit ihm und mit unseren verlorenen Geschwistern versöhnen. Und mit uns selbst. Er will uns allen sein Herz schenken. Und seinen Geist.

Zwei Freunde wandern durch die Wüste. Tagelang. Als plötzlich ein heftiger Streit ausbricht. Es kommt zu Handgreiflichkeiten. Schließlich schlägt der eine den anderen ins Gesicht.

Der zieht sich augenblicklich zurück. Bückt sich. Und schreibt mit dem Finger in den Sand:

„Hier hat mich mein Freund ins Gesicht geschlagen."

Sie gehen weiter. Schweigend. Und kommen endlich in eine Oase. Der, der in der Wüste von seinem Freund geschlagen worden war, streift den Rucksack von den Schultern, rennt zu einem Teich, bückt sich, will trinken – und rutscht ins Wasser und droht zu ertrinken. Der andere zögert keine Sekunde, springt ins Wasser, zieht den Freund heraus und zieht ihn ans Ufer.
Als der beinahe Ertrunkene wieder zu sich kommt, nimmt er sein Taschenmesser und ritzt in einen Felsen:

„Hier hat mir mein Freund das Leben gerettet."

Der Freund ist verwundert:
„Vor ein paar Tagen hast du in den Sand geschrieben, dass ich dich geschlagen habe, hier ritzt du in den Fels, dass ich dich gerettet habe. Warum damals der Sand? Warum jetzt der Felsen?"

„Weil ich dir die Schuld nie vorhalten will. Sie sollte vom Wind weggetragen werden. Aber dass du mich gerettet hast, daran will ich mich immer und immer wieder erinnern. Und andere sollen es auch sehen."

7 Bartimäus: Willst du neue Augen? Ein neues Herz?

Er hatte sich so gar nicht gewöhnt. Er wollte nicht. Er konnte nicht.

Warum konnten alle anderen sehen? Nur er nicht. Warum konnten alle anderen einen ordentlichen Beruf erlernen und ihren Lebensunterhalt verdienen? Nur er nicht. Er musste betteln. Klar, er hatte einen super Platz erobert. Hier kamen die Pilgerströme vorbei, wenn sie „hinauf nach Jerusalem" wollten. Und viele ließen ein paar Münzen da. Schließlich waren fromme Juden dazu verpflichtet, Almosen zu geben. Aber – er wäre lieber mitgezogen, als hier an der Straße zu hocken. Festzukleben. Tagein, tagaus. Jahrein, jahraus.

In Jericho lebte er. Es hätte ihn schlechter treffen können, klar. Die Stadt war wohlhabend. Sogar der König ließ sich hin und wieder hier blicken. Er hatte sich hier einen prächtigen Winterpalast bauen lassen. Schließlich wurde es hier nie so richtig kalt, 200 Meter unter dem Meeresspiegel.

Aber er kannte den Palast nur vom Hörensagen. Wie er alles und alle nur vom Hörensagen kannte.

Auch von ihm hatte er schon gehört, von Jesus. Dem Lehrer. Dem Heiler. Oben am See Genezareth hatten sie ihn jeden Tag. Aber der See war weit. Viel zu weit, als dass er hingekonnt hätte. Um vielleicht doch noch eine Chance zu haben. Auf intakte Augen.

Aber heute! Heute würde er kommen! Vorbeikommen. Das hatten sie erzählt. Das hatte sich verbreitet wie ein Buschfeuer. Jesus war auf dem Weg nach Jerusalem. Zum Passahfest. Und da musste er durch Jericho. Und vorbei an seinem Stammsitz.

„Jesus kommt. Zu uns. Vielleicht sogar zu mir. Wenn ich schon nicht zu ihm kommen kann! Das ist unfassbar!", dachte er. Er, Bartimäus, Sohn von Timäus.

Doch dann schwappte eine Welle von Resignation über seine Seele. Jesus würde ja nicht alleine kommen. Hunderte Leute würden mit ihm unterwegs sein. Und Hunderte würden hier am Straßenrand stehen, um einen Blick zu erhaschen. Ein gutes Wort. Vielleicht sogar eine heilsame Berührung. Und wenn er Rast machen würde – in Jericho konnte man gut rasten –, dann sicher nicht im Haus seines Vaters, sondern bei den Honoratioren der Stadt und der Synagoge. Wie sollte er …! Er war viel zu unbedeutend. Und er war blind.

Aber energisch wischte er die Resignation beiseite, diese Traurigkeit, die ihre Kraft aus Ereignissen bezieht, die überhaupt noch nicht stattgefunden haben. Jesus würde kommen! Ganz sicher! Und er, Bartimäus, würde die erste und vielleicht letzte Chance auf ein anderes Leben nicht ungenutzt verstreichen lassen. Er würde brüllen. Aus Leibeskräften brüllen. Wenn Jesus ihn nicht hören würde, tja, dann hätte er es wenigstens versucht.

Und er kam. Kam immer näher. Bartimäus hörte und spürte, was die Sehenden nicht hören und spüren konnten. Er spürte sogar, dass dieser Jesus vielleicht mehr war als ein Lehrer. Dass er – vielleicht – sogar der … Messias sein könnte. Vieles, was er in den vergangenen Wochen über ihn gehört hatte, sprach eindeutig dafür.

Geplapper und Getuschel und Reden und Rufen und Schritte und Staub und … jetzt musste er ganz nah sein. Bartimäus nahm allen Mut und alle Stimmgewalt zusammen und brüllte, so laut er konnte: „Jesus, Sohn Davids, hab Erbarmen mit mir!"

„Jesus, Sohn Davids … Messias …" – hatte er das eben wirklich gerufen? Woher wusste er? Wer hatte da aus ihm gesprochen?

Das Herz klopfte Bartimäus bis zum Hals. Was würde nun passieren?

Ja, ja, ja! Es passierte! Das Unfassbare passierte! Jesus blieb stehen! Er hatte ihn gehört! Hatte ihn aus dem massenhaften Stimmengewirr herausgehört …

Und schon wurde Bartimäus auf die wackeligen Füße gezerrt und zu ihm hingeschoben. Den alten Bettlermantel streifte er noch schnell von den Schultern. Er brauchte ihn nicht. Nicht jetzt. Er war jetzt kein blinder Bettler. Er war der, den Jesus gerufen hatte.

Und wie benommen stand er ihm auf einmal gegenüber. Ja, er stand. Auf Augenhöhe mit dem Meister. Was würde der sagen? Was würde der tun?

Er sah ihn an. Aufmerksam. Gütig. Bartimäus sah es nicht. Aber er spürte es. Was ja eigentlich noch mehr war als sehen. Dann fragte er. Jesus fragte ihn.

„Was willst du? Was soll ich für dich tun?"

Bartimäus war auf einmal unsicher. Was wollte er wirklich? Wollte er wirklich gesund werden? Wollte er das alte Leben tatsächlich zurücklassen wie den alten Bettlermantel? Wollte er die Abhängigkeit von anderen aufgeben und auf eigenen Beinen stehen? Verantwortung übernehmen? Seinen Lebensunterhalt mit Arbeit verdienen? Hatte dieses alte Leben nicht auch seine Annehmlichkeiten und Bequemlichkeiten? Er konnte vieles nicht. Aber deshalb musste er auch vieles nicht.

„Was soll ich für dich tun?" Will ich wirklich gesund werden? Will ich befreit werden? Ich, der Blinde, soll auf einmal nicht mehr blind sein? Ich, der Bettler, soll auf einmal nicht mehr betteln? Irgendwie hab ich mich wohl doch gewöhnt. Irgendwie haben sich ja alle gewöhnt. Wer bin ich denn, wenn ich nicht mehr der blinde Bettler bin? Will ich ein neues Leben? Neue Aufgaben? Will ich ein neues Herz? Einen neuen Geist?

Doch dann war's klar. Glasklar. Ja! Er wollte gesund werden! Er wollte sehen können. Er wollte ein neues Leben beginnen!

Und die Worte sprudelten nur so aus ihm heraus. „Rabbuni!", sagte er. Meister. Herr. „Ich möchte wieder sehen können!" Ich möchte wirklich und wahrhaftig.

Und Jesus? Der rührte ihn nicht einmal an, sondern sagte nur still und bestimmt:

„Geh nur. Dein Vertrauen hat dir geholfen."

Geh nur. Ja, du kannst jetzt gehen, du darfst jetzt gehen, du musst jetzt aber auch gehen.

Geh nur. Zwei Wörter, die ein ganzes Leben auf den Kopf stellen. Nichts, was bisher gegolten hat, gilt mehr. Nichts, was bisher gehindert hat, hindert mehr. Nichts, was bisher dein Leben bestimmt und begrenzt hat, gilt mehr.

Und Bartimäus? Träumt er? Ist er wach? Er sieht. Ja! Er sieht. Und er geht. Tapsend. Schrittchen für Schrittchen. Droht umzuknicken. Droht zu stolpern. Droht zusammenzusacken. Droht anzustoßen. Anzuecken. Aber er geht. Geht und geht und geht immer fester und bestimmter.

Aber wohin geht er? Wohin soll er jetzt gehen? Wohin kann er gehen? Es geht nicht einfach zurück in den alten Alltag. Der liegt unter seinem alten Mantel begraben. Er muss nicht lange überlegen. Und geht hinter Jesus her. Der hat ihm nicht nur die Augen geöffnet. Der hat nicht nur seinen Körper gesund gemacht. Der hat ihm das Herz geöffnet. Der hat ihm die Seele gesund gemacht. Der hat ihm ein neues Leben geschenkt. Was soll er zurück! Er kann einfach nicht zurück! Sein Leben hat eine neue Mitte. Jesus. Und ein neues Ziel: da sein, wo Jesus ist.

Und er geht und geht und geht mit ihm nach Jerusalem. Und er geht nicht allein. Er geht mit vielen anderen. Die ihn mit begeistertem Applaus in ihre Mitte nehmen. Er hat Jesus. Er hat Gott. Und er hat Menschen. Eine Familie. Brüder. Schwestern. Freunde. Er geht und geht und geht. Und er geht mit ihnen in ein neues Leben.

„Was soll ich für dich tun?"

Ich stelle mir vor, dass Jesus mir dieselbe Frage stellt. Heute. Und immer wieder. Ich habe gebetet. Ich habe ihn mit meinen Fragen und Problemen bestürmt. Habe ihm die Verletzungen und Vernarbungen meines Lebens hingehalten. Habe meine Schmerzen und meine Verzweiflung in den Himmel geschrien. Und nun steht er vor mir, schaut mir in die Augen, aufmerksam und gütig, und fragt mich: „Was soll ich für dich tun?"

Und ich bin irritiert und bewegt und beeindruckt. Er fragt mich. Und ich soll antworten. Ich darf antworten.

Aber warum fragst du überhaupt, Jesus? Es ist doch klar, was du für mich tun sollst. Du sollst mir bitte aus dem Schlamassel meines Lebens helfen. Meine Probleme wegmachen. Die Krankheiten heilen. Das schwarze Loch in der Seele hell machen.

Aber ich stelle mir vor, dass Jesus nicht lockerlässt.

„Soll ich das wirklich tun? Willst du gesund werden? Willst du's wirklich? Denn wenn ich's tue, bekommst du ein neues Herz, einen anderen Geist, bist du ein anderer, eine andere. Du bist dann nicht mehr der Blinde, der Bettler, der Kranke, der Versager. Dann bist du nicht mehr das Opfer, die Verletzte, die Verlassene. Du bist dann jemand anderes. Bekommst eine neue Identität. Eine neue Persönlichkeit. Musst dich anders definieren. Dich anders präsentieren. Willst du das? Traust du dich das? Traust du dir das zu? Traust du mir das zu?

Da kann man schon mal ins Grübeln kommen. Mancher hat nicht nur ein Problem. Er ist sein Problem. Manche hat nicht nur eine Behinderung. Sie ist ihre Behinderung.

Einmal erzählte mir jemand von einer älteren Frau, der es eigentlich immer schlecht geht. Davon erzählt sie dann auch mehr oder weniger genüsslich bei jeder Begegnung. „Das Schlimmste, was man ihr antun kann, ist zu sagen: Was siehst du heute gut aus!" Sie will nicht gut aussehen. Sie ist ihre graue Gesichtsfarbe, ihr hinkender Gang. Wehe, das nimmt ihr jemand!

Willst du gesund werden? Willst du frei werden? Willst du ein anderer, eine andere werden? Überleg dir's! Du kannst dich dann nicht mehr hinter deiner Krankheit verstecken. Dich nicht mehr in deinen Problemen verkriechen.

Du stehst dann nicht mehr verletzt am Rande des Fußballfeldes und kannst über die anderen lamentieren, du spielst dann mit. Wieder mit. Musst dich anstrengen. Musst kämpfen. Musst dich engagieren. Musst Verantwortung übernehmen.

Willst du das?

Denn so schlimm jede Einschränkung und Behinderung deiner Lebensmöglichkeiten auch sein mag – sie ist zuweilen auch bequem. Klar, du bist auf die Wohltaten anderer angewiesen – das ist mühsam. Aber niemand erwartet Wohltaten von dir – das ist entlastend.

„Geh nur! Geh mit mir!" Ja, Jesus, das mache ich. Das will ich. Mit wem sonst sollte ich gehen! Aber sag mir, wohin wir gehen. Was ist der neue Sinn meines Lebens? Wofür bin ich künftig da? Womit fülle ich, was bislang meine Krankheit ausgefüllt hat? Welche Aufgabe hast du für mich?

Ich weiß nicht, was aus Bartimäus geworden ist. Aber ich glaube, dass der ehemalige Bettler einer geworden ist, der anderen Bettlern erzählt hat, wo er satt geworden ist, wo es etwas zu essen gibt.
Einer, der nicht nur wieder sehen konnte. Sondern einer, der ein neues Herz hatte. Und einen neuen Geist.

Ich liebe dieses Bild. Ich habe es aus dem „Brief an einen Buddhisten", den der indische Theologe Daniel T. Niles[7] einmal geschrieben hat:

> „Evangelium verkündigen heißt Zeugnis ablegen. Das geschieht so, dass ein Bettler dem anderen erzählt, wo man etwas zu essen bekommen kann. Der Christ hat nichts anzubieten aus einem Vorrat, über den er verfügt. Er hat nichts angesammelt. Er ist nur Gast am Tisch seines Herrn, und als Botschafter des Evangeliums lädt er die anderen dazu ein."

Das sind wir. Das bleiben wir. An mehr würden wir uns verheben. Wir sind Bettler. Wir bleiben Bettler. Wir haben leere Hände. Jedenfalls viel zu leere Hände, um Menschen dauerhaft und nachhaltig satt zu machen. Viel zu leere Hände, um die Welt vor den drohenden Katastrophen zu retten. Viel zu leere Hände, um auch nur einem einzigen Menschen das zu geben, was seine Seele in Zeit und Ewigkeit satt macht.

Wir leben nicht aus unseren eigenen Vorräten. Wir bedienen uns aus den Vorratskammern Gottes. Brauchen seine Kraft. Jeden Tag. Seine Barmherzigkeit. Jede Stunde. Seine Liebe. Jede Minute. Und wir dürfen uns bedienen. Dürfen uns satt essen bis zum Gehtnichtmehr.

Und dann laden wir ein an die himmlische Tafel. Zum dreieinen Gott. Dem Vater, dem Sohn, dem Heiligen Geist. Dem Schöpfer des Universums. Dem „Ich bin da. Ich bin immer da. Ich bin immer für dich da". Wir laden ein zu dem Gott, der sich in die Hände der Menschen gibt. Der so klein wird, dass er in einen Futtertrog passt. An ein römisches Hinrichtungskreuz. In ein Felsengrab. Wir laden ein zum Gekreuzigten und Auferstandenen.

„Was soll ich für dich tun? Willst du gesund werden? Willst du satt werden? Willst du ein neues Herz? Einen neuen Geist?"

Willst du das? Ja? Dann geh nur. Geh zu ihm. Und geh mit ihm. Dein Vertrauen hat dir geholfen! Es wird dir immer wieder helfen auf deinem Weg!

Herztöne und Geistesblitze

Glaube braucht Fortschritt vom Fürwahrhalten zum Herzwissen.

Der Verstand unterscheidet. Das Herz entscheidet.

Bevor es Glaubenssysteme gab, war Glaube ein einfacher Tanzschritt des Herzens.

Barmherzigkeit ist ausgewählte Rücksichtslosigkeit gegenüber allem, was nicht der Liebe dient.

Peter Horton[8] (aus „Die zweite Saite")

8 Luther: Neues Herz, neuer Geist für die Kirche

In der Berliner Kirche gab es Streit. Unerbittlich prallten die Meinungen aufeinander. Nichts war mehr zu spüren vom Geist des Aufeinanderhörens und Aufeinanderzugehens. Nichts vom Geist der Kraft, der Liebe und der Besonnenheit, als Heinrich Giesen, lange Jahre Direktor der Berliner Stadtmission und Generalsekretär des Kirchentages, aufstand und laut und vernehmlich betete:

> „O Heilger Geist, kehr bei uns aus."
> Pause.
> Und dann:
> „O Heilger Geist, kehr bei uns ein."

Das haben wir wohl nötig, auch und gerade in der Kirche, in der Gemeinde. Gottes Geist muss auskehren. Wegfegen, was sich zwischen uns aufgetürmt hat an Ärger und Unverständnis. An falschen Erwartungen und Überzeugungen. Was sich aufgetürmt hat an Missverständnissen und Zweifeln. Aufgetürmt zwischen Menschen. Und zwischen diesen Menschen und dem Gott, in dessen Dienst sie ja alle stehen. Um dann neu einkehren zu können. Mit seinem Geist.

In diesem Jahr feiern wir das 500. Jubiläum der Reformation. Hier ist das in großem Stil geschehen. Der Heilige Geist hat ausgekehrt. Und ist neu einkehrt. Erst in die Herzen Einzelner. Dann in ihre Gemeinschaften, dann in die Städte und Dörfer. Was allerdings auch zu Verwerfungen und Zerwürfnissen geführt hat. Weil sich die anderen Geister dem Geist Gottes stets widersetzen.

Zusammen mit Siegfried Fietz habe ich Lieder für ein Luther-Musical geschrieben. „Bruder Martinus"[9]. Das Buch stammt aus der Feder von Eckart zur Nieden. Ein paar Ausschnitte habe ich für Sie ausgesucht. Die entscheidenden Szenen. Folgen Sie mir einfach mal ins Wittenberg des 16. Jahrhunderts.

Wir sind auf dem Marktplatz in Wittenberg. Ablassprediger Tetzel tritt auf. Vor ihm ein unübersehbar mächtiger Geldkasten. Helfer trommeln, verkaufen Ablassbriefe. Menschen kommen von allen Seiten. Tetzel predigt feurig, teils einschmeichelnd, suggestiv.

Tetzel:

Hört! Hört! Kauft Ablassbriefe, liebe Leute! Kauft eure Seelen frei vom Fegefeuer! Wollt ihr Jahre, Jahrzehnte, Jahrhunderte in der schrecklichsten Qual zubringen, bis endlich eure Seelen gereinigt sind und eure vielen Sünden abgegolten? Ist da nicht das Opfer von einigen Münzen verschwindend gering gegen die Qual im Fegefeuer? Die Kirche – gemäß der Vollmacht, Sünden zu vergeben oder zu behalten, die ihr Christus verliehen hat –, die Kirche bietet euch die Möglichkeit, ohne qualvolle Prüfungen in den Himmel zu kommen. Wie? Kauft Ablassbriefe, liebe Leute!

Frau:

Wie viele Jahre Fegefeuer würde mir denn diese Münze hier ersparen?

Tetzel:

Auf jeden Fall eine sehr lange Zeit. Reiß dich los von dem schnöden Mammon!

Und noch eine Möglichkeit habt ihr heute: Ihr könnt euren verstorbenen Angehörigen Liebe erweisen, indem ihr sie aus dem Fegefeuer freikauft. Wie? Genauso wie bei euch selbst! Kauft Ablassbriefe! Je mehr ihr bezahlt, desto eher wird die Pein beendet sein. Könnt ihr es mit eurem Gewissen vereinbaren, eure Lieben der Qual auszuliefern, wo ihr sie doch so leicht retten könnt?

Die Leute drängen sich um die Verkäufer, einige weinen. Sie suchen Geld zusammen und gehen glücklich mit ihren Papieren davon.

Ein alter blinder Mann wird von seiner Enkelin geführt. Sie nähern sich und hören zu. Ein anderes Kind stößt den Alten an.

Lieschen:

Pass doch auf! Siehst du nicht, dass mein Großvater blind ist?

Das andere Kind streckt beiden die Zunge raus.

Großvater, wenn du mal gestorben bist und ich Geld habe, dann kaufe ich für dich so ein Papier.

Großvater:

Lass das lieber, Lieschen! Ich vermute, das Geld würdest du umsonst ausgeben. Komm, wir gehen weiter!

Tetzel:

Werft euren verderblichen Mammon in diesen Kasten, und empfangt dafür diesen Brief, der es euch mit der

Autorität der Kirche bescheinigt, dass der direkte Weg zum Himmel offen ist. Für euch oder für eure Lieben, die diese Erde bereits verlassen haben. Oder für beide, wenn ihr genug zahlen könnt.

Was soll'n sich unsre Seelen
im Fegefeuer quälen!
Wir kaufen eins, zwei, drei
mit Geld uns davon frei!

Ja, wenn das Geld im Kasten klingt,
die Seele in den Himmel springt!

Werft Geld in diesen Kasten!
Kasteien, Beten, Fasten –
das wird am Schluss nicht reichen,
die Sünden auszugleichen.

Ja, wenn das Geld im Kasten klingt,
die Seele in den Himmel springt.

Tetzel:

Du da – willst du nicht kaufen? Oder du, Großmütterchen?

Bettler:

Ich habe kein Geld, werter Herr. Könnt Ihr mir nicht …

Tetzel:

Geh weiter! Wenn du nichts hast, um einen Ablassbrief zu kaufen, was willst du dann hier?

Bettler:

Aber muss ich denn im Jenseits auch noch leiden, wo ich doch hier schon so viel gelitten habe?

Tetzel:

Halte mich nicht mit törichten Fragen auf, Bettler! Verschwinde, ehe ich dich verprügeln lasse!

Du, Bauer, komm her! Hast du nicht gerade ein Schaf verkauft? Also hast du Geld genug, um dir viele, viele Jahre der schrecklichsten Qual zu ersparen! Und du! Komm her, zieh deinen Geldbeutel hervor! Kommt alle! Kommt! Sobald das Geld im Kasten klingt, die Seele aus dem Fegefeuer in den Himmel springt!

Luther, in der Mönchskutte der Augustiner, hat eine Weile zugehört. Jetzt geht er auf Tetzel zu.

Luther:

Was redet Ihr da? Wie könnt Ihr solch einen Unsinn predigen! Ihr könnt doch nicht den Sündern das Heil für Geld verkaufen!

Tetzel:

Verschwinde, Mönch! Wage es nicht, den Worten des Papstes und des von ihm beauftragten Kardinals zu widersprechen! Männer – vertreibt den da!

Helfer drängen ihn zur Seite.

Luther:

(wendet sich zu der Menge) Hört nicht auf ihn, Leute! Behaltet euer Geld und bessert stattdessen euer Leben!

Passant:

He, Mönch! Willst du etwa, dass wir in der Hölle schmoren?

Luther:

Natürlich nicht! Aber man kann doch nicht für Geld …

Passant:

Dann sage uns, wie wir sonst erreichen können, dass Gott uns gnädig ist! Weißt du das? Nein? Dann halte den Mund!

Nachdem Luther zur Seite gedrängt dort stehen bleibt, packt Tetzel ein, guckt freudig grinsend in den Kasten und geht mit seinen Helfern ab.

Das Volk zerstreut sich. Schließlich steht Luther allein da. Er singt:

> *Du bist der Richter über Menschen,*
> *und ich weiß, du bist gerecht.*
> *Du siehst mein Leben, jede Sünde.*
> *Du bist gut, und ich bin schlecht.*
> *Du thronst da oben, ich steh unten,*
> *schaue kaum dir ins Gesicht.*
> *Ich warte ängstlich auf dein Urteil.*
> *Eine Chance hab ich nicht.*
> *Und wie bekomm ich einen gnädigen Gott,*
> *wie bekomm ich einen gnädigen Gott?*

> *Ich hab gefastet und gebetet,*
> *Tag um Tag und Nacht um Nacht.*
> *Hab mich kasteit und mich geschlagen*
> *und mich beinah umgebracht.*
> *Ich hab Angst vor Zorn und Strafe.*
> *Nein, mein Vater bist du nicht.*
> *Ich bin ein Schatten und vergehe.*
> *Ich bin Dunkel, du bist Licht.*

Als mich ein Wort trifft wie die Sonne,
gleißend hell und unwirklich:
Deine Gerechtigkeit ist Gnade,
dein Gericht trifft dich, nicht mich.
Ich sehe Christus, seh ihn leiden,
für mich sterben, und ich schrei:
O mein Gott, mein lieber Vater,
deine Liebe spricht mich frei.

Und endlich hab ich einen gnädigen Gott,
endlich hab ich einen gnädigen Gott.

Wir gehen ein paar Meter weiter und stehen vor der Schloss-
kirche. Wir sehen Luther, der vor der Kirche steht. Ein großes
Papier in der Hand. Und einen Hammer. Plötzlich öffnet sich
die Tür. Luther erschrickt und springt zurück. Großvater und
Lieschen aus der Tetzel-Szene kommen heraus.

Großvater:

Was geschieht da, Lieschen? Sind Handwerker beim
Arbeiten?

Lieschen:

Nein, Großvater, ein Mönch nagelt ein Papier an die
Kirchentür.

Großvater:

Ach so, das hat dann wohl seine Richtigkeit. Das tun
die Gelehrten manchmal, um ihre Meinung kundzu-
tun.

Luther:

So ist es, ehrwürdiger Greis. Mein Name ist Bruder
Martin. Entschuldigt – ich dachte nicht, dass so früh
schon jemand in der Kirche ist.

Großvater:

Ich bin blind, wie Ihr sicher schon bemerkt habt, Bruder Martin. Ich habe meine Enkelin gebeten, mit mir herzukommen. Wir kamen sehr früh, damit wir niemanden stören, wenn sie mir etwas beschreibt.

Luther:

Nun habe ich Euch gestört!

Großvater:

Nein, nein! Sagt – was für eine Lehre verbreitet Ihr da mit Eurem Anschlag?

Luther:

Von Umkehr sprechen meine Thesen. Und von Gottes Gnade, die wir im Glauben annehmen können.

Großvater:

Glaube? Gnade? Das klingt völlig anders, als was dieser Tetzel predigt. Die Kirche sagt …

Luther:

Hört auf das, was Gott sagt, ehrwürdiger Großvater! Nehmt es an und freut Euch darüber!

Wir gehen zurück über den Marktplatz zum „Schwarzen Kloster" in Wittenberg. Hier wohnt und arbeitet Martin Luther. Mit seiner Frau Katharina, mit den Kindern, mit zahlreichen Studenten. Hier lehrt er als Professor der Theologie. Wir sehen fünf Studenten, die auf Stühlen vor einem Podium sitzen und diskutieren.

Student 1:

Das gibt ziemlichen Ärger, da könnt ihr sicher sein!

Student 2:

Mag sein, aber die Wahrheit muss man doch noch sagen dürfen!

Student 1:

Oh – wie mutig du bist!

Student 2:

Willst du feige sein? Die Wahrheit verschweigen, weil die kirchliche Obrigkeit sie nicht hören will? Oder glaubst du nicht, dass Doktor Luther recht hat?

Münzer:

Ihr redet und redet … aber ihr tut nichts! Das ist mir alles zu theoretisch.

Student 3:

Ach, unser Thomas Münzer wieder mit seinen politischen Fantasien!

Münzer:

Keine Fantasien! Reale Pläne! Wir müssen uns für die Armen einsetzen. Das hat Jesus gesagt.

Student 4:

Aber Jesus hat keine Revolution angezettelt.

Student 3:

Außerdem studieren wir hier Theologie, nicht Politik.

Student 1:

Und Luthers Theologie ist wahrlich revolutionär genug!

Student 2:

Er kommt.

Luther betritt den Raum.

Luther:

Guten Tag, die Herren Studenten!

Alle:

Guten Tag, Doktor Luther.

Student 2:

Doktor Luther, diskutieren wir über Eure Thesen?

Luther:

Selbstverständlich tun wir das.

Student 1:

Findet Ihr nicht, Doktor Luther – verzeiht, wenn ich das so direkt sage –, findet Ihr nicht, dass es uns nicht zusteht, die kirchliche Obrigkeit zu kritisieren?

Luther:

Ich lade zur theologischen Auseinandersetzung ein. Jeder, der anderer Meinung ist als ich, kann diese genauso äußern, wie ich meine geäußert habe. Aber ich erwarte, dass er seine Meinung auf die Bibel gründet. Gültig, ewig wahr ist nicht die Tradition, nicht das Wort des Papstes, nicht das Ergebnis von Konzilien, sondern allein die Heilige Schrift.

Student 4:

Aber die Heilige Schrift muss ausgelegt werden. Und das tut jeder anders.

Luther:

Dann erklärt mir, wie man etwa die Worte aus dem Römerbrief, dass „der Mensch gerecht werde allein durch den Glauben" oder dass „der Gerechte durch seinen Glauben lebt", anders verstehen kann, als ich es lehre! Nämlich so, dass unsre guten Werke uns vor Gott nichts nützen. Dass uns das Heil, die Rettung zum ewigen Leben, allein aus Gnade geschenkt wird, die wir im Glauben annehmen.

Münzer:

Das alles, Doktor Luther, sind doch Dinge, die sich nur in unsrer Seele abspielen. Mir ist das zu wenig! Wir müssen uns dafür einsetzen, dass die gottlosen Unterdrücker ihrer Macht beraubt werden, damit die armen Bauern aus ihrem Elend herauskommen. Notfalls mit Waffengewalt.

Luther:

Mein lieber Thomas Münzer, Ihr schießt über das Ziel hinaus. Wer vom Heiligen Geist geleitet ist, kann nicht mit Waffen auf andere losgehen.

Student 3:

Jetzt halt mal den Mund, Thomas! Du kommst immer und überall mit deinem Lieblingsthema! Wir sprachen gerade von etwas anderem. Für deine umstürzlerischen Gedanken wird ein anders Mal Gelegenheit sein.

Münzer:

Wenn ihr nicht über das reden wollt, was das Wichtigste ist, das Unrecht in dieser Welt, dann redet ohne mich!

Er geht beleidigt raus.

Student 4 ruft ihm nach:

Das Wichtigste ist, wie wir vor Gott stehen! Du und wir alle und auch deine Bauern! Sogar die Fürsten!

Münzer scheint ihn nicht zu hören.

Luther:

Ja, unser guter Thomas Münzer ist wohl ein wenig unbeherrscht. Vielleicht sogar fanatisch. Ich werde in Ruhe mit ihm reden müssen und hoffe, dass er nicht auch unbelehrbar ist.

Student 1:

Doktor Luther, Ihr wolltet uns erklären, was der Anlass war, diese Thesen anzuschlagen.

Luther:

Der Anlass ist der Ablass. Seht, ich habe hier ein Papier, das mir jemand zukommen ließ, der nicht bekannt werden wollte. Es ist eine Anweisung des Kardinals von Mainz an die Ablassprediger, wie sie vorzugehen haben. Von dem Geld wird er einen nicht geringen Teil abzweigen. Damit wird er die Schulden bezahlen, die er bei dem reichen Kaufmann Fugger hat. Die Schulden hat er aufgenommen, um sein Amt als Kurfürst und den entsprechenden Lebensstil zu finanzieren. Sagt, ist es recht, dafür den Ärmsten ihr letztes Geld aus der Tasche zu ziehen?

Student 3:

Gut, dass Thomas nicht mehr da ist. Er hätte wieder einen Anlass, auf sein Lieblingsthema zu kommen.

Luther:

Und er hat recht, wenn er das Unrecht anprangert. Aber mir geht es um ein noch viel größeres Unrecht, das der Kardinal mit dem Ablass begeht: Er gibt den Unwissenden mit dem Ablass eine falsche Sicherheit. Nun sehen die nicht mehr die Notwendigkeit, sich nach der Vergebung auszustrecken, die uns Christus am Kreuz erworben hat. Haben wir nicht viel Grund zum Dank für das Erbarmen Gottes, das uns in Christus entgegenkommt, für den Glauben, den er in uns wirkt, und für die Heilige Schrift, die uns all dies lehrt?

Alle singen die „Hymne der Reformation":

Solus Christus, Gottes ausgestreckte Hand in diese Welt.
Solus Christus, der uns jetzt und alle Zeiten hört und hält.
Einzig Christus ist das Leben und die Wahrheit und der Weg.
Einzig Christus, Gottes ewiger Barmherzigkeitsbeleg.
Sola gratia, nur die Gnade, unbezahlt und unverdient.

Sola gratia, weil der Sohn am Kreuz für unsre Sünden sühnt.
Nur die Gnade steigt herab und läuft uns nach und hält uns aus.
Nur die Gnade lockt aus irdischer Verlorenheit nach Haus.

Sola fide, nur wer treu an Christus glaubt, wird Gott gerecht.
Sola fide, Glauben heißt, ich gebe Gott das Sorgerecht.
Nur der Glaube sieht den Vater, er nimmt uns als Kinder auf.
Nur der Glaube, seine Türen gehen nur von innen auf.

Sola scriptura, nur die Schrift, die Botschaft aus der Ewigkeit.
Sola scriptura, Gottes Mittel gegen die Vergesslichkeit.
Nur die Bibel, Himmelsworte, lesbar, lebbar Tag und Nacht.
Nur die Bibel, Gottes Wille für uns auf den Punkt gebracht.

Wir sind mit Martin Luther in einer Kammer in der Reichsstadt Worms. Luther sitzt auf einem schlichten Hocker, vornübergebeugt, das Gesicht in den Händen vergraben. Landknechtsführer Georg von Frundsberg steht daneben und schaut ein wenig mitleidig auf ihn herab.

Frundsberg:

Na, Mönchlein! Konntest dich wohl nicht im ersten Anlauf dazu durchringen, dich zum Inhalt aller deiner Schriften zu bekennen? Hast dir noch einen Tag Bedenkzeit erbeten. Verstehe ich. Es ist nicht einfach, allein gegen die Kirche und den Kaiser zu stehen.

Keine Antwort. Pause.

Hättest gleich widerrufen sollen. Das hätte dir viele äußere und innere Kämpfe erspart. Am Ende wirst du doch widerrufen.

Luther:

Woher wollt Ihr das wissen? Wo ich es doch nicht einmal selbst weiß!

Frundsberg:

Es bleibt Euch keine Wahl, Doktor Luther. Die Kirche, die in der ganzen Welt bestimmt, was die Wahrheit ist, lässt keine andere Meinung zu. Und der Kaiser, der mächtige Herrscher, duldet keinen Widerspruch. Und beide zusammen ... Was wollt Ihr da ausrichten!

Luther:

Es gibt einen, der noch mächtiger ist. Er ist es, der in Karls Reich die Sonne aufgehen und irgendwann auch untergehen lässt. Und der redet in der Heiligen Schrift ...

Frundsberg:

Ich will nicht mit Euch über Theologie streiten, Luther. Das können andere besser. Ich verstehe mich mehr auf den Krieg mit Waffen als auf den mit Worten. Aber ...

Luther:

Wer seid Ihr?

Frundsberg:

Georg von Frundsberg, Feldhauptmann des Kaisers.

Luther:

Ihr seid Georg von Frundsberg, der bekannte Landsknechtsführer, der nur Siege kennt?

Frundsberg:

Übertreibt nicht, Luther! Ich bin wohl bekannt, aber Ihr seid noch bekannter. Wenn auch durch andere Vorzüge. Jedenfalls ist uns beiden gemeinsam, dass un-

sere Feinde mit Schrecken von uns reden und unsere
Freunde mit Begeisterung.

Luther:

Vielleicht sind meine Freunde von mir enttäuscht,
wenn sie erfahren, dass ich mir Bedenkzeit erbeten
habe, statt mich gleich mit fliegenden Fahnen ins Mar-
tyrium zu stürzen.

Frundsberg:

Ich verachte Euch deswegen nicht, Doktor Martinus.
Sich in so einer wichtigen Sache zu besinnen, das zeigt
nicht Schwäche, sondern Verantwortung. Es gibt dem
endgültigen Urteil eine stabilere Grundlage als die
schnelle, unüberlegte, auswendig gelernte Antwort
eines Fanatikers.

Luther:

Danke, dass Ihr mich trösten wollt, Frundsberg. Aber
vergesst nicht, dass Ihr auf der anderen Seite steht.

Frundsberg:

Ich bin Hauptmann im Dienst des Kaisers. Das heißt,
dass ich seine Schlachten schlage, nicht seine Theologie verteidige. Schon gar nicht die des Papstes. Aber
sprechen wir nicht von mir, Luther, sprechen wir von
Euch! In Eurem Interesse rate ich Euch: Sagt allem ab,
bleibt am Leben, und schreibt hinterher, was Ihr für
richtig haltet.

Luther:

Ich hätte nichts mehr zu sagen und zu schreiben, würde ich jetzt nicht für die Wahrheit einstehen. Man hat
mir freies Geleit zugesichert.

Frundsberg lacht:

Ha! Denkt daran: Auch dem Böhmen Jan Hus hat man
vor dem Konzil von Konstanz freies Geleit zugesichert. Und doch haben sie ihn auf dem Scheiterhaufen

verbrannt. Mit dem Argument, einem Ketzer gegenüber müsse man sein Versprechen nicht halten. Man wird auch Euch zum Ketzer erklären.

Luther:

Das war ein kirchliches Konzil. Hier stehe ich vor dem Kaiser.

Frundsberg:

Ach, wollt Ihr damit sagen, dem Wort des Kaisers könne man mehr trauen als der Kirche? Es wird ihn freuen, das zu hören.

Luther:

Ich will gar nichts sagen. Außer dem, was Gott mich sagen heißt.

Frundsberg:

Schön. Da müsst Ihr nun möglichst genau wissen, was Gott Euch sagen heißt.

Und dann sagt das!

Luther:

Und nichts anderes! Ja, das werde ich tun! Danke für Euren Rat, Georg von Frundsberg! Und nun seid so gut und lasst mich allein! Gönnt mir noch etwas Zeit zum Beten.

Frundsberg:

Mönchlein, Mönchlein, du gehst einen schweren Gang!

Wir sind beim Reichstag zu Worms. Ein dicht bevölkerter Saal. Einige kirchliche Würdenträger und kaiserliche Hofbeamte stehen herum. Während des folgenden Gesprächs kommen immer mehr dazu. Auf einem Tisch sind Luthers Schriften ausgebreitet.

Soldat 1:

Mann, oh Mann! Dass ich das erlebe! Nicht nur Bischöfe und Kardinäle und wie die alle heißen, sondern auch noch hohe weltliche Herren bis hin zum Kaiser! Davon werde ich noch meinen Enkeln erzählen …

Soldat 2, fast flüsternd:

Mann, Wilhelm, sei nicht so laut!

Soldat 1:

Warst du gestern auch schon hier?

Soldat 2:

Ja.

Soldat 1:

Und? Erzähl doch mal!

Soldat 2:

Da gibt es nicht viel zu erzählen. Eigentlich war es sogar langweilig. Diese Diskussionen über Päpste und Konzilien und ob die nun recht hatten oder nicht – das versteht doch kein normaler Mensch!

Soldat 1:

Und dieser Luther sagt, sie hätten nicht recht – oder wie?

Soldat 2:

Ja, ich glaube, das sagt er. So ähnlich jedenfalls.

Soldat 1:

Mann, oh Mann! Der Papst soll was Falsches lehren! Und dieser Mönch weiß es besser. Das ist ein starkes Stück! Weiß gar nicht, warum die wegen so einem kleinen Mönch so einen Aufwand betreiben. Der Kaiser kann doch einfach befehlen, Luther soll die Klappe halten. Punkt.

Soldat 2:

So einfach ist es eben nicht. Es gibt einige mächtige Fürsten, die sich hinter Luther stellen. Und seine

Schriften, die überall gelesen werden, kann man nicht so einfach wieder einsammeln und verbrennen. Und erst recht kann man die Gedanken nicht mehr aus den Köpfen der Leute herauspusten.

Soldat 1:

Hm. Das leuchtet mir ein. Luther hat also gestern nicht widerrufen?

Soldat 2:

Er hat sich Bedenkzeit erbeten. Aber heute muss er Stellung nehmen. Da führt kein Weg … Still mal! Da passiert was!

Luther wird von Soldaten hereingeführt. Zwei adelige Herren, bei denen er vorbeimuss, flüstern ihm im Vorbeigehen zu:

Graf:

Fürchtet euch nicht vor denen, die den Leib töten können, nicht aber die Seele!

Fürst:

Denkt daran, was unser Herr sagte: Wenn ihr vor Fürsten und Könige geführt werdet um meinetwillen, so wird euch durch den Geist gegeben werden, was ihr sagen sollt.

Luther und seine Bewacher bleiben vor dem Tisch stehen. Dahinter ein Kirchenmann. Einige Augenblicke stehen sie schweigend.

Beamter ruft laut:

Seine Majestät Karl der Fünfte, Kaiser des Heiligen Römischen Reiches Deutscher Nation, König von Spanien und Herr der Niederlande, König von Rom, Herr über die Länder jenseits des Atlantischen Meeres.

Der Kaiser tritt ein und setzt sich auf den Thronsessel. Alle verbeugen sich. Der Kaiser gibt mit der Hand ein Zeichen. Daraufhin spricht der Kirchenmann mit lauter Stimme zu Luther. Neben dem Kaiser flüstert ein Übersetzer.

Kirchenmann:

Doktor Martin Luther, in Gegenwart seiner Majestät des Kaisers und dieser ehrenwerten Vertreter der deutschen Fürstentümer und der Kirche und im Auftrag des Papstes, des Oberhauptes der Kirche und Stellvertreters Christi auf Erden, klage ich Euch an, in Euren Schriften ketzerische Irrlehren verbreitet zu haben. Dieses Hohe Gericht hat Euch gestern auf Betreiben Eures Kurfürsten hin die Möglichkeit eingeräumt, zu Euren Schriften und unserem Vorwurf Stellung zu nehmen. Es hat Eure Einlassungen dazu zur Kenntnis genommen und widerlegt und Euch aufgefordert, Eure Schriften zu widerrufen. Ihr habt Euch Bedenkzeit erbeten, die Euch das Gericht als Zeichen des guten Willens gewährt hat. Weiterer Aufschub ist nicht möglich.

Ich frage Euch nun zum letzten Mal im Angesicht Gottes und vor Seiner Majestät, dem Kaiser: Wollt Ihr auf dem Inhalt dieser Schriften, die Ihr nach Eurem eignen Bekunden verfasst habt, beharren und Euch damit gegen die Kirche, den Papst und den Kaiser stellen, oder wollt Ihr sie widerrufen und reumütig zu der reinen Lehre der Kirche und ihrer Konzilien zurückkehren?

Luther beginnt zurückhaltend, fast ängstlich, wird beim Reden immer kräftiger:

Weil denn Eure Majestät und die Herrschaften eine einfache Antwort begehren, so will ich folgende Antwort geben: Wenn ich nicht durch Schriftzeugnisse und klare Gründe überwunden werde – denn ich glaube weder dem Papst noch Konzilien allein, weil feststeht, dass sie öfter geirrt und sich selbst widersprochen haben –, so bin ich in meinem Gewissen gefangen in Gottes Worten. Widerrufen kann ich nichts und will ich nichts, weil wider das Gewissen zu handeln beschwerlich, unsicher und nicht lauter ist. Hier stehe ich, ich kann nicht anders, Gott helfe mir. Amen.

Und er singt:

Menschen irren, Gott irrt nicht.
Wer Menschenworten folgt, kann sich verirren.
Menschen irren, Gott irrt nicht.
Sein Wort kann auch den wirrsten Sinn entwirren.
Menschen fallen, Gott fällt nicht.
Auf ihn allein soll meine Lehre bauen.
Menschen fallen, Gott fällt nicht.
Nur seinem Urteil will ich ganz vertrauen.

Ich bin gebunden an mein Gewissen.
Ich bin gebunden an sein Wort.
Ich kann nicht widerrufen, ich kann nur widerstehen.
Hilft alles nichts. Gott helfe mir! Amen!
Menschen irren, Gott irrt nicht.
In seinen Dienst will ich mein Denken stellen.
Menschen irren, Gott irrt nicht.
Nur er allein kann Herz und Hirn erhellen.
Menschen fallen, Gott fällt nicht.
Nur ihm kann ich gehorchen und gehören.

Menschen fallen, Gott fällt nicht.
Nur ihm will ich auf ewig Treue schwören.

Und die Reformation nimmt ihren Lauf …

Am Ende eines bewegten Lebens, das die Geschichte bewegt hat,
formuliert Martin Luther das Fazit seines Lebens in einem Lied:

> *Mir ist es bisher viel zu selten wirklich gelungen,*
> *zu glauben, zu leben, zu lieben, wie Christen das sollen.*
> *Ich wurde bisher allzu häufig niedergerungen*
> *von Lüsten und Lasten und Lastern, die mich überrollen.*
>
> *Ich bin, was ich bin, und ich bleib, was ich bleib:*
> *ein Enttäuscher, Entglücker, Versager.*
> *Und wenn ich auch noch so fromm rede und schreib –*
> *bin ein Bettler. Und die Lebensbilanz ist mager.*
>
> *Oft hab ich gedacht: Vergiss Gott, streich besser die Segel!*
> *Du hast nichts, du bist nichts, du wirst nichts, du bist blank*
> *und pleite!*
> *Hab finster gedacht: Komm, gib auf, du brichst jede Regel!*
> *Verkriech dich, versteck dich, mach Schluss und such ein-*
> *fach das Weite!*
>
> *Ich weiß es doch längst: Ohne ihn bin ich hier verloren.*
> *Ein Christ ohne Christus ist bestenfalls frommes Theater.*
> *Ja, ich weiß es längst: Grad für mich ist Christus geboren.*
> *Ich halte an ihm mich ganz fest, und er schleppt mich zum*
> *Vater.*
>
> *Ich bin, wer ich bin, und ich bleib, wo ich bleib:*
> *beim Versöhner, Beglücker, Entschulder!*
> *Und er sagt zum Vater: Der gehört jetzt zu uns.*
> *Ist ein Bettler. Doch dein Kind ist er und mein Bruder.*

Herztöne und Geistesblitze

Ich möchte die Befürchtung ausdrücken (wiederum nicht denunziatorisch, sondern verunsichert und mit Trauer): Die Umkehr der Herzen findet nicht statt – zumindest nicht in der Form, in der man sie öffentlich bekennt. Die Krise (oder die Krankheit) des kirchlichen Lebens besteht nämlich nicht nur darin, dass diese Umkehr nicht oder zu wenig stattfindet, sondern dass das Ausbleiben der Umkehr der Herzen unter dem Schein eines nur geglaubten Glaubens auch noch verschleiert wird. Kehren wir Christen in diesem Lande um – oder glauben wir lediglich an die Umkehr und bleiben – unter dem Deckmantel der geglaubten Umkehr – die Alten? Folgen wir nach – oder glauben wir nur an die Nachfolge und gehen dann unter dem Deckmantel der geglaubten Nachfolge die alten, immer gleichen Wege? Lieben wir – und glauben wir nur an die Liebe und bleiben unter dem Deckmantel der geglaubten Liebe die alten Egoisten und Konformisten? Leiden wir mit – oder glauben wir nur an das Mitleiden und bleiben unter dem Deckmantel der geglaubten Sympathie allemal die Apathischen?

Johann Baptist Metz[10], katholischer Theologe

9 Josef: Neues Herz, neuer Geist für die Welt

Ein neues Herz, einen neuen Geist – das hat Gott auch für die Welt. Für seine Welt. Und er beginnt auch damit wie fast immer klein und unscheinbar. Mit einem einzelnen Menschen.

Die Bibel erzählt dazu eine einzigartige Novelle (1. Mose 37–50). Im Mittelpunkt: Josef Ben Jakob, Josef, Sohn des Jakob.

Aus dieser Familie kommt er. Einer bunten Patchworkfamilie. Viehzüchter allesamt. Nomaden. Die Kinder haben einen Vater, aber verschiedene Mütter. Josef ist ein Sohn von Rahel, Jakobs Lieblingsfrau. Er ist der Zweitjüngste, ein Nachkömmling sozusagen. Und er hat ein besonderes Verhältnis zu Vater und Mutter. Das alles ist Teil seiner Platzanweisung. Mit diesem Josef hat Gott etwas ganz Besonderes vor. In Träumen zeigt er es ihm. Auf den ersten Blick sind diese Träume unverschämt, unmöglich. Und Josef kann sie nicht für sich behalten. Die elf älteren Brüder überfällt er geradezu damit.

> „Ich will euch sagen, was ich geträumt habe … Wir waren miteinander auf dem Feld, schnitten Getreide und banden es in Garben. Auf einmal stellt sich meine Garbe auf und bleibt stehen. Und eure Garben, die stellen sich im Kreis um sie herum und verneigen sich vor meiner." (1. Mose 37,6-7)

Können Sie verstehen, dass die Brüder aufgebracht sind? Ich schon. Und es kommt noch schlimmer.

> „Ich habe noch einmal geträumt ... Ich sah die Sonne, den Mond und elf Sterne. Stellt euch vor: Die alle verneigten sich vor mir." (1. Mose 37,9)

Elf Sterne. Also elf Brüder. Aber auch Sonne und Mond. Also die Eltern. Nun wird es selbst Jakob zu viel.

> „Was ist das für ein dummer Traum, den du da geträumt hast? Ich und deine Mutter und deine Brüder, wir alle sollen uns vor dir niederwerfen?" (1. Mose 37, 10b)

Trotzdem muss Jakob immer wieder über den Traum nachdenken. Über beide Träume wohl, denn beide Träume beschreiben etwas Ähnliches. Die Menschen damals waren gewohnt, auf ihre Träume zu achten. Und wenn einer gleich zweimal dasselbe träumte, dann war eigentlich klar: Hier spricht der lebendige Gott. Und was er sagen will, macht unmissverständlich klar: Josef nimmt tatsächlich eine besondere Stellung in der Familie ein, auch wenn das im Moment nur ansatzweise sichtbar wird. Er ist berufen, von Gott berufen, die Familie zu erhalten, und ist damit Teil der Segenszusage Gottes:

> „Ich bin der Gewaltige. Sei fruchtbar und vermehre dich! Deine Nachkommen sollen zu einem ganzen Volk, ja zu einem Verband von Völkern werden, und sogar Könige werden von dir abstammen." (1. Mose 35,11)

Josef wird der Familie vorausgeschickt nach Ägypten. Er sorgt dafür, dass dort in einer Zeit des Überflusses Vorräte angelegt werden, die später nicht nur den Ägyptern, sondern auch seiner eigenen Familie das Überleben sichern.

Eine zweifellos besondere Aufgabe. Eine Aufgabe, für die er begabt ist. Eine Aufgabe aber auch – und vielleicht ist das noch wichtiger –, zu der Gott ihn berufen hat. Begabung und Berufung. Fast immer kommt das zusammen, wenn Gott Menschen für eine besondere Aufgabe auswählt. Begabung und Berufung –, das muss auch zusammenpassen in unserem eigenen kleinen und begrenzten Aufgabenbereich, in der Familie, im Beruf, in der Gemeinde. Für bestimmte Aufgaben muss man die passende Begabung mitbringen. Die Begabung allein reicht aber nicht. Die Berufung Gottes muss dazukommen. Umgekehrt beruft Gott nur selten Menschen zu einer Aufgabe, für die er sie nicht auch begabt hat.

Begabung und Berufung – eine Kombination, die das Leben leicht macht? Josef machen Begabung und Berufung zunächst einmal einsam. Einsam und unverstanden. Und dazu hat er selbst ja auch eine ganze Menge beigetragen. Es klingt nicht gerade bescheiden, wie er seine Träume schildert. Josef ist erst siebzehn, könnte man einwenden. Wie wird ein Siebzehnjähriger damit fertig, besonders begabt und besonders berufen zu sein? Er muss noch wachsen. Er muss noch reifen. Natürlich. Und eine solche Zeit des Reifens steht ihm nun bevor. Keine leichte Zeit, aber wohl eine nötige Zeit. Von ganz oben fällt er nach ganz unten. Und seine „liebe Familie" hilft dabei kräftig mit.

Es geht auf und ab. Erst ist er der Lieblingssohn Jakobs mit Aussicht auf das Erstgeburtsrecht, dann verkaufen ihn die Brüder an eine Karawane arabischer Händler. Er wird Sklave in Ägypten, dann Verwalter im Haushalt eines einflussreichen Hofbeamten und schließlich ist er wieder ganz unten. Vielleicht hat er begonnen, an seiner Berufung zu zweifeln. „Was ist eigentlich mit deinen Plänen, Gott? Das scheint mir ziemlich planlos zu sein, wie du mit mir umgehst. Was ist mit meiner Berufung, Gott? Musst du mich erst in diese verrufene Umgebung schicken, bis meine Berufung Wirklichkeit werden kann? Was ist mit meinen Träumen, Gott? Im Moment taumle ich von Albtraum zu Albtraum."

Doch Gott hat ihn wohl immer wieder in sein Herz blicken lassen. Und dieses Herz hat mehr und mehr auch in Josef Gestalt gewonnen. Gott hat ihm seinen Geist geschenkt. Einen Geist, der mehr sieht, als das, was augenfällig ist.

Josef lernt in der Tiefe die Tiefe der Fürsorge Gottes kennen. Gott ist nicht nur ein Feiertagsgott, nicht nur ein Sonntagsgott. Gott ist nicht nur an den hellen Tagen da. Er ist nicht nur der Gott, der Erfolg und Erfüllung schenkt. Nein, er ist auch im Alltag da, in der Nacht, im Scheitern, in der Tiefe. Josef braucht diese Stationen auf seinem Weg, um immer deutlicher zu verstehen, dass es nicht in seiner Hand liegt, ob sein Leben gelingt oder nicht. Er braucht diese Stationen, damit aus seinem gesunden Selbstvertrauen mehr wird, nämlich ein gesundes und rückhaltloses Gottvertrauen. Er braucht diese Stationen als Vorbereitung auf künftige Aufgaben.

Auch wir brauchen solche Stationen immer wieder, damit wir lernen, worauf man sich wirklich im Leben verlassen kann und worauf nicht. Wir brauchen diese Stationen, um Gottes Herz, seine Liebe und Fürsorge besser und tiefer verstehen zu lernen. Und nicht selten brauchen wir diese Stationen, um vorbereitet zu werden auf neue Aufgaben, die Gott für uns bereithält. Mancher ist nur dadurch zu einem begnadeten und gesegneten Seelsorger geworden, dass er selber erleiden musste, wofür andere von ihm Rat und Hilfe erwarten.

Und plötzlich steht Josef unmittelbar vor seiner eigentlichen Berufung. Endlich öffnet sich die Tür seines Gefängnisses mit einer guten Nachricht. Der Pharao lässt ihn holen. Josef wird kaum wissen, wie ihm geschieht. Eilig wird er gewaschen, werden ihm die Haare geschnitten und gekämmt, werden ihm königliche Gewänder übergeworfen.

Und dann steht er vor dem mächtigsten Mann Ägyptens, vor dem Pharao. Er ist geblendet von Macht und Licht und Reichtum, doch er ist auch bewegt von der tiefen Ratlosigkeit des Pharao. Da hat einer alles, allen Einfluss, alles Geld, und ist dennoch arm und elend und hilfsbedürftig. Angewiesen auf den Rat eines unbekannten hebräischen Sklaven, der nichts besitzt, nicht einmal die Kleider, die er heute trägt, und der doch unendlich reich ist, weil Gott, der Herr, der Schöpfer des Himmels und der Erde, mit ihm ist.

Josef ahnt sicherlich, wie schlüpfrig der Boden ist, auf dem er steht, dass sich nun entscheiden wird, wie es weitergeht mit seinem Leben. Ob es überhaupt weitergeht. Er steht im Wettstreit mit den Weisen Ägyptens. Gewinnt er, hat er mehr als das Leben gewonnen, verliert er, hat er sein Leben verwirkt. Josef wagt den Wettstreit, wagt ihn im Namen Gottes. Der Pharao schildert sein Problem:

> „Ich habe etwas geträumt, und niemand kann mir sagen, was es bedeutet. Man hat mir gesagt, dass du jeden Traum auf der Stelle deuten kannst." (1. Mose 41,15)

Kaum hat der Pharao sein Problem geschildert, macht ihm Josef klar, wer hier in den Ring steigt, wer es hier mit den Weisen Ägyptens aufnimmt. Nicht er, der unbekannte hebräische Sklave, sondern Gott selbst.

> „Nicht ich, … Die Antwort kommt von Gott, und er wird dem Pharao bestimmt etwas Gutes ankündigen." (1. Mose 41,16)

Und dann schildert der Pharao Josef seine beiden Träume. Und Gott zeigt Josef, was diese Träume bedeuten.

> „Gott hat dem Pharao im Traum gezeigt, was er vorhat. Beide Träume bedeuten dasselbe; es ist eigentlich ein einziger Traum. Die sieben fetten Kühe und die sieben prächtigen Ähren bedeuten sieben fruchtbare Jahre. Die sieben mageren, hässlichen Kühe und die sieben kümmerlichen, vertrockneten Ähren bedeuten ebenso viele Hungerjahre. Ich habe es schon gesagt: Damit will Gott dem Pharao ankündigen, was er in Kürze geschehen lässt. In den nächsten sieben Jahren wird in ganz Ägypten Überfluss herrschen. Aber dann kommen sieben Hungerjahre, da wird es mit dem ganzen Überfluss vorbei sein; man wird nichts mehr davon

merken, und drückende Hungersnot wird im Land herrschen. Dass der Pharao zweimal das Gleiche geträumt hat, bedeutet: Gott ist fest entschlossen, seinen Plan unverzüglich auszuführen." (1. Mose 41,25-32)

Josef hat sogar einen Rat für die Zukunft. Er zeigt dem Pharao einen Ausweg aus dieser bedrohlichen Lage.

„Darum rate ich dem Pharao, einen klugen, einsichtigen Mann zu suchen und ihm Vollmacht über ganz Ägypten zu geben. Der Pharao sollte in den kommenden guten Jahren den fünften Teil der Ernte als Abgabe erheben. Er sollte dafür Beamte einsetzen, die unter der Aufsicht des Pharaos das Getreide in den Städten sammeln und speichern. Dann ist ein Vorrat da für die sieben schlechten Jahre, und das Volk im ganzen Land Ägypten wird nicht vor Hunger zugrunde gehen." (1. Mose 41,33-36)

Was nun kommt – damit hat Josef ganz sicherlich nicht gerechnet. Sein Ratschlag war ganz sicherlich kein Wink mit dem Zaunpfahl: „Nimm mich, ich bin der, den du suchst." Doch dem Pharao ist sofort klar – und ich denke, dass Gott es ihm klargemacht hat –, wer hier der richtige Krisenmanager ist:

„Gott hat diesem Mann seinen Geist gegeben. Wir finden keinen, der es mit ihm aufnehmen kann." Zu Josef sagte er: „Gott hat dir dies alles enthüllt. Daran erkenne ich, dass keiner so klug und einsichtig ist wie du. Du sollst mein Stellvertreter sein, und mein ganzes Volk soll deinen Anordnungen gehorchen. Nur die Königswürde will ich dir voraushaben. Ich gebe dir die Vollmacht über ganz Ägypten." (1. Mose 41,38-41)

Josef wird auf einen Schlag zum zweitwichtigsten Mann des ägyptischen Reiches. Der Pharao zieht seinen Ring ab und gibt ihn Josef. Er kleidet ihn mit kostbarer Leinwand, legt ihm eine goldene Kette um den Hals. Er lässt ihn auf seinem zweiten Wagen fahren, und vor ihm wird ausgerufen: „Der ist des Landes Vater."

Was für eine Karriere!

Wirklich eine Traumkarriere! Josef ist 30 Jahre alt. Vor 13 Jahren, mit 17, hat er geträumt, dass Gott ihn für eine ganz besondere Aufgabe ausersehen hat. 13 Jahre lang hat Gott ihn nun darauf vorbereitet, hat ihn in seine Schule genommen, hat ihn manch dunkle Wegstrecke laufen lassen, damit er fähig ist für die Aufgaben, die nun auf ihn warten.

> „Und das Land trug in den sieben reichen Jahren die Fülle. Und Josef sammelte die ganze Ernte der sieben Jahre, da Überfluss im Lande Ägypten war, und tat sie in die Städte. Was an Getreide auf dem Felde rings um eine jede Stadt wuchs, das tat er hinein. So schüttete Josef das Getreide auf, über die Maßen viel wie Sand am Meer, sodass er aufhörte zu zählen; denn man konnte es nicht zählen." (1. Mose 41,47-49; LUT)

Als wäre es das Selbstverständlichste auf der Welt, so schildert das dieser Text. Josef lenkt und leitet die Geschicke eines der mächtigsten Länder der damaligen Zeit so, als hätte er nie etwas anderes getan. Er zieht durch ganz Ägyptenland, macht sich ein Bild von der aktuellen Lage, erlebt, dass der erste Traum des Pharao wahr wird: Das Land trägt reiche Früchte. Und in einem einzigartigen

Vorsorgeprogramm lässt Josef einsammeln und aufheben, was immer sich einsammeln und lagern lässt, denn er weiß ja: Sieben gute Jahre wird es geben, auf die dann sieben schlechte Jahre folgen werden. Erst sieben Jahre des Überflusses, dann sieben Jahre der Not und des Hungers.

Ich kann mir gut vorstellen, dass Josefs Sparprogramm nicht gerade auf Begeisterung gestoßen ist im damaligen Ägypten. Wer denkt schon an die Zukunft, wenn es ihm gut geht! Wer denkt schon an böse Träume, wenn er essen und trinken kann, so viel Herz und Magen begehren! Hätte es in Ägypten damals, zur Zeit der Pharaonen, schon eine Demokratie gegeben, ich weiß nicht, ob er nach den ersten vier oder fünf Jahren wiedergewählt worden wäre.

Aber Josef weiß, dass er sich um solche Popularität gar nicht bemühen muss. Er ist mit anderer Autorität ausgestattet, mit der Autorität des Pharao und – was noch wichtiger ist – mit der Autorität Gottes.

Josef hat viel gelernt in den Jahren der Vorbereitung. In diesen Jahren nun lernt er, dass Gott sich nicht nur um die Familie Jakobs kümmert, um die Nachkommen des Stammvaters Abraham, sondern dass Gott auch Ägypten im Blick hat, dass Gott der Gott der ganzen Welt ist.

Die Gebete Josefs sind nicht überliefert, doch ich könnte mir gut vorstellen, dass er mehr als einmal gebetet hat: „Gott, du bist ja noch viel größer, noch viel mächtiger, noch viel herrlicher, als ich gedacht habe."

Sehr populär ist es sicherlich nicht, was Josef tut. Andererseits ist das Volk gewohnt, für den Pharao zu arbeiten, gewohnt, immer wieder zur Kasse gebeten zu werden für manchen Kriegszug, für manchen neuen Palast, manchen neuen Tempel. Trotzdem ist das, was Josef hier veranstaltet, von ganz neuer, von ganz anderer Qualität. Hier geht es nicht darum, den Reichtum eines Herrschers zu vermehren, hier geht es um Vorsorge für das Volk. Und dieses Volk wird noch sehen, wird noch erleben, dass hier, vielleicht zum ersten Mal, einer nicht in seine eigene Tasche wirtschaftet, sondern in die Taschen des Volkes. Was Josef sammelt, reicht für die sieben Hungerjahre aus. Mehr noch, es reicht aus, um die hungernden Menschen der Nachbarvölker mitzuversorgen. Nicht zuletzt auch die Familie Jakobs in Kanaan.

Josef ist der richtige Mann in der richtigen Situation.

Er hat Führungsqualitäten, er kann entscheiden, er blickt über den eigenen Tellerrand hinaus, er entwickelt Konzeptionen für die Zukunft. Josef bestätigt die spontane Eingebung des Pharao: „Gott hat dir dies alles enthüllt. Daran erkenne ich, dass keiner so klug und einsichtig ist wie du."

In Josef schlägt das Herz Gottes, in ihm denkt und fühlt der Geist Gottes.

Leben wir nicht heute in einer Zeit, in der wir nichts dringender brauchen als solche Josefs? Männer und Frauen, in denen das Herz Gottes schlägt, in denen der Geist Gottes denkt? Männer und Frauen, die führen können, leiten, die nicht nur an heute und morgen denken, sondern an übermorgen und überübermorgen? Männer und Frauen mit Konzepten, die der Erde und ihren Menschen das Überleben sichern?

Während einer Freizeit haben wir miteinander nachgedacht, ob es denn solche Menschen heute gibt, und wir haben ein paar Namen zusammengetragen. Ich will sie hier nicht wiedergeben. Es waren Namen dabei, die heftigen Protest hervorriefen, und andere, die kaum jemand kannte. Ein Josef war nicht dabei.

Geht es nicht den meisten Führern unserer Tage vor allem um die Macht, die eigene Macht, versteht sich? Geht es nicht allzu vielen nur ums Geld? Haben nicht allzu viele nur den Beifall ihrer Wähler im Blick? Wo sind die Josefs unserer Tage, die begabten und berufenen Führer? Einige wenige fallen mir ein, aber wenn man weiterdenkt …

In einer amerikanischen Studie habe ich vor Jahren gelesen:

> „Unsere Leiter richten sich nach Umfragen und sagen den Menschen dann das, was sie hören wollen. Unsere Führungskräfte sind Alleinunterhalter in der geistlichen wie in der politischen Arena. Führer, bei denen die Menschen sich wohlfühlen. Leiter, die die Lieblinge ihrer Interessengruppen sind. Leiter, die keine Diener, sondern Herren sind. Diese Leiter werden untergehen, wenn turbulente Zeiten kommen."

Daran hat sich bis heute wohl nichts geändert. Josef war da aus anderem Holz geschnitzt. Er war unbestechlich. Er war ehrlich und integer. Er gehorchte nicht seinem eigenen Machtinstinkt, er gehorchte Gott. Er hatte wirkliche Autorität und Führungsqualität, er hatte Berufungsgewissheit und Durchhaltevermögen. Wäre es nicht gut, Gott um solche Josefs für unsere Zeit zu bitten? Wir brauchen sie.

Josefs Traumkarriere ist keine Karriere um ihrer selbst willen. Josef ist nicht ein besonderer Glückspilz, dem Gott nach ein paar dunklen Jahren nun endlich Erfolg und Reichtum im Übermaß schenkt, um ihn zu entschädigen. Nein, Gott hat Josef Karriere machen lassen, um die Familie Abrahams, Isaaks und Jakobs zu retten, um sein Volk zu retten, auch um seine Verheißungen zu retten. Gott tut ja nichts aus einer momentanen Laune heraus. Gott weiß, was er tut, wann er es tut und warum er es tut. Und vielleicht hat Josef auch gar keine Zeit, um sich an seiner „Karriere" (und ich setze dieses Wort diesmal ausdrücklich in Anführungszeichen) zu freuen. Josef tut, was ihm aufgetragen ist, tut, was der Pharao – und damit letztlich Gott – ihm aufgetragen hat. Er arbeitet hart in diesen Jahren, und Gott segnet, was er tut.

Und auch das Verhältnis zu seinen Brüdern kommt wieder ins Lot. Die Josefs-Geschichte ist auch eine wunderbare Versöhnungsgeschichte. Die Brüder kommen aus Kanaan, um Getreide zu kaufen – und stehen vor ihrem Bruder Josef. Freilich ohne ihn zu erkennen. Bis Josef es nicht mehr aushält und aus ihm herausplatzt, dass er ihr Bruder ist. Der verratene und verkaufte Bruder.

Sie sind schockiert. Josef lebt, und er steht ihnen gegenüber. Vielleicht denkt einer: „Das musste ja so kommen! Das konnte ja nicht gut gehen!" Und ein anderer: „Gut, dass alles vorbei ist. Lieber ein Ende mit Schrecken als ein Schrecken ohne Ende." Denn der Schrecken, daran besteht für sie kein Zweifel, der steht ihnen nun unmittelbar bevor. Ihre Schuld ist aufgedeckt. Ohne Pardon. Unbewusst ist sie immer gegenwärtig gewesen all die Jahre lang und hat ihr Verhältnis zueinander belastet. Hat ihr Verhältnis zu ihrem Vater Jakob belastet, den sie belogen haben. Hat ihr Verhältnis zu Gott belastet. Sie ist nicht kleiner geworden in all den Jahren, die Schuld. Auch nicht verzeihbarer.

Zeit mag Wunden heilen, Schuld vergibt sie nicht. Spätestens jetzt ist jedem von ihnen klar, dass sie sich mit einer zerstörerischen Macht eingelassen haben. Schuld zerstört. Schuld gebiert Angst. Angst vor Menschen – Angst vor Gott!

„Aber sie brachten kein Wort heraus, so fassungslos waren sie." (1. Mose 45,3b)

So groß ist ihre Angst, dass sie gar nicht mehr mit der Möglichkeit rechnen, Josef könnte ihnen vergeben, es könnte doch noch alles gut werden. Vergessen sind all die Gesten der Freundlichkeit, die sie bei ihren Besuchen bisher genossen haben. Gebannt starren sie auf Josef und erwarten das Schlimmste. Der aber hält eine Rede, die auf den Kopf stellt, was bisher in ihrer Welt gegolten hat. Keine Anklagerede, sondern eine liebevolle, eine verständnisvolle Rede, eine, die von Vergebung spricht.

„Ich bin euer Bruder Josef, den ihr nach Ägypten verkauft habt! Erschreckt nicht, und macht euch keine Vorwürfe deswegen! Gott hat mich vor euch her nach Ägypten gesandt, um viele Menschen am Leben zu erhalten. Zwei Jahre herrscht nun schon Hungersnot, und es kommen noch fünf Jahre, in denen man die Felder nicht bestellen und keine Ernte einbringen kann. Deshalb hat Gott mich vorausgeschickt. Es ist sein Plan, euch und eure Nachkommen überleben zu lassen, damit er eine noch größere Rettungstat an euch vollbringen kann. Nicht ihr habt mich hierhergebracht, sondern Gott. Er hat es so gefügt, dass ich die rechte Hand des Pharao geworden bin und sein ganzer Hof und ganz Ägypten mir unterstellt ist." (1. Mose 45, ab Vers 4)

Nun endlich finden sie ihre Sprache wieder. Nun endlich beginnen sie zu ahnen, dass die Angst ein Ende haben kann.

Angst macht stumm. Schuld macht stumm. Vergebung lässt Menschen wieder sprechen, wieder lachen, wieder singen.

Dann stirbt Jakob. Er segnet alle seine Söhne, auch die Söhne Josefs, und plötzlich und unerwartet steht auf einmal die längst vergebene, längst vergessene Schuld wieder zwischen Josef und seinen Brüdern.

Weil nun ihr Vater tot war, gerieten die Brüder Josefs in Sorge.

„Wenn Josef uns nur nichts mehr nachträgt!", sagten sie zueinander. (1. Mose 50,15)

Aber Josef sagt einen Satz, der in die Geschichte eingeht und der so etwas wie der Schlüsselvers der gesamten Josefsgeschichte ist:

„Ihr hattet Böses mit mir vor, aber Gott hat es zum Guten gewendet." (1. Mose 50,20)

In meinem Josef-Musical singt er:

Gott hat mich euch vorausgesandt, damit ihr überlebt.
Selbst eure blutbefleckte Hand hat er in seine Pläne eingewebt.
Gott hat mich euch vorausgesandt, weil er versprochen hat:
Ich mach euch zahlreich wie den Sand, den keiner je gezählt, gewogen hat.
Gott hat mich euch vorausgesandt, für euch, zu eurem Glück.
Nun kommt, nun gebt mir eure Hand, bleibt fröhlich hier, ich schick euch nicht zurück.
Fürchtet euch nicht, ich stehe unter Gott.

Gott hat mich euch vorausgesandt, weil er uns nie vergisst.
Zu Haus hab ich ihn kaum gekannt, doch nun kann ich euch zeigen, wie er ist.
Gott hat mich euch vorausgesandt, ich lass euch nicht im Stich.
Auch wenn ich herrsche hier im Land, habt keine Angst, denn er herrscht über mich.
Gott hat mich euch vorausgesandt, ihm dien ich und bin frei.
Tun wir's gemeinsam hier im Land, dann ist die Zeit des Bruderzwists vorbei.

Das ist der rote Faden, der sich durch die ganze Josefs-geschichte zieht. Gott hat Josef vorausgesandt, um seine Familie zu retten, um seine Verheißung zu retten. Gott hat sogar die Schuld der Brüder benutzt, um seine Pläne zu verwirklichen. Auch wenn sie Böses im Sinn hatten – Gott hatte Gutes im Sinn. Und Gott hat alles gut gemacht. Sein Herz hat Menschenherzen verändert. Sein Geist hat die dunkle Welt hell gemacht.

Herztöne und Geistesblitze

Menschen mit Augen, die sehen
Menschen mit Ohren, die hörn
Menschen, die wirklich verstehen
Nie eine Hoffnung zerstörn
Menschen, die Liebe ausstrahlen
Hell wie ein Leuchtturm am Strand
Menschen wie Himmelsfilialen
Menschen mit Herz und Verstand

Menschen wie Menschen – aus Liebe gemacht
Menschen wie Menschen – im Himmel erdacht
Menschen wie Menschen – von Gott zur Welt gebracht

Menschen, die Menschen erschließen
Menschen zum Menschsein befrein
Die auch mit Worten nicht schießen
Menschen, die groß sind und klein
Menschen wie offene Türen.
Menschen, bei denen es taut
Die dicht ans Feuer dich führen
Menschen, auf die man vertraut

Menschen wie Menschen – aus Liebe gemacht
Menschen wie Menschen – im Himmel erdacht
Menschen wie Menschen – von Gott zur Welt gebracht

Jürgen Werth

10 Oskar Schindler und William Wilberforce: Gerechtigkeit für die Welt

Wer in Jerusalem unter einer kundigen Reiseleitung die Holocaust-Gedenkstätte Yad Vashem besucht, wird oft als Erstes in die „Allee der Gerechten" und in den „Garten der Gerechten unter den Völkern" geführt. Hier findet er unter Bäumen viele kleine Gedenktafeln und größere Platten, auf denen die Namen von lauter nicht jüdischen Menschen und Organisationen stehen, die während der Zeit der Nazidiktatur Juden geschützt und gerettet haben. Oskar Schindler findet man da, Berthold Beitz und die Namen von ungezählten Unbekannten. Lauter Menschen, die zum Teil unter Einsatz ihres eigenen Lebens andere vor der Deportation und der grausamen Vernichtung bewahrt haben. Die meisten von ihnen sind Polen, Niederländer und Franzosen. Die Familie der Holländerin Corrie ten Boom gehört dazu. Aber auch 476 deutsche Namen sind darunter.

Rund 24 000 Menschen werden auf diese Weise geehrt. Gerechte unter den Völkern – der Name bezieht sich auf einen Satz aus dem jüdischen Talmud: „Die Gerechten aus den Völkern haben einen Platz in der kommenden Welt." Wer hier geehrt wird, bekommt eine Medaille mit einem eindrucksvollen Satz aus dem Mischna-Traktat Sanhedrin: „Wer immer ein Menschenleben rettet, hat damit gleichsam eine ganze Welt gerettet."

Direkt neben Yad Vashem liegt der kleine Ort Ein Karem, zu Deutsch: Quelle des Weinbergs. Hier erinnert eine Kirche an den, durch den buchstäblich die ganze Welt gerettet wurde, Jesus von Nazareth. Sie erinnert aber auch an die wundersame Begegnung von zwei schwangeren Frauen: Maria und Elisabeth.

Wenn man auf den Ort schaut, sieht man förmlich vor sich, was hier geschehen ist: Eine junge Frau kommt nach Ein Karem. Ihr ist passiert, was noch keiner jungen Frau vor ihr passiert ist. Sie ist schwanger mit dem Sohn Gottes. Ein Geheimnis, das sie kaum verstehen kann.

Maria, die junge Frau, braucht Abstand. Sie braucht Zeit zum Denken. Zeit zum Beten. Zeit, um all das verstehen zu können. Diese Zeit will sie bei ihrer Verwandten verbringen, bei Elisabeth, die auch schwanger ist. Genauso unerwartet schwanger. Aber im Gegensatz zu Maria hat sie sich bereits viele Jahre lang ein Kind gewünscht. Weder sie noch Zacharias, ihr Mann, hatten noch damit gerechnet, einmal Eltern zu werden. Beide waren nicht mehr die Jüngsten. Doch ein Engel hatte das Wunder aller Wunder angekündigt. Und Elisabeth war schwanger geworden.

Während Maria im Bergland Judäas unterwegs ist, formt sich in ihr ein Gebet, ein Lied. Lukas hat es in seinem Evangelium überliefert. Und es bildet den leisen Cantus Firmus seiner Erzählungen. Klingt überall mit. Scheint überall durch. Wir kennen es als das berühmte Magnifikat. Nach den ersten Worten aus diesem Lied. Auf Lateinisch nämlich beginnt es so: „Magnificat anima mea dominum." Auf Deutsch: „Meine Seele preist den Herrn."

Dieses Lied ist immer wieder übersetzt, immer wieder vertont worden. Es ist ja auch zu schön, zu bewegend, zu kostbar.

Ein paar Sätze aus diesem Text, aufgezeichnet im Lukasevangelium:

> Gelobt sei der Herr! [...] Seine Barmherzigkeit gilt von Generation zu Generation allen, die ihn ehren. Sein mächtiger Arm vollbringt Wunder! Wie er die Stolzen und Hochmütigen zerstreut! Er hat Fürsten vom Thron gestürzt und niedrig Stehende erhöht. Die Hungrigen hat er mit Gutem gesättigt und die Reichen mit leeren Händen fortgeschickt. Und nun hat er seinem Diener Israel geholfen! Er hat seine Verheißung nicht vergessen, barmherzig zu sein, wie er es unseren Vorfahren – Abraham und seinen Kindern – immer verheißen hat." (Lukas 1,46.50-55; NLB)

Beinahe revolutionär klingt das. Und der Revolutionär ist Gott selbst. Er stellt die Verhältnisse, die in dieser Welt herrschen, auf den Kopf. Und rückt sie dabei zurecht. Weist Menschen den Platz zu, der ihnen zusteht. Setzt ab und richtet auf. Und stillt dabei den Hunger nach Gerechtigkeit, der wohl in jedem Menschen wohnt. Den Hunger nach Gottesgerechtigkeit, Schöpfungsgerechtigkeit, Menschengerechtigkeit.

Gott steht an der Spitze jeder Bewegung, die sich dafür einsetzt, dass Menschen menschengerecht leben können. Und er engagiert dafür Leute, die sich auf ihn eingelassen haben.

William Wilberforce war so einer. Von 1759 bis 1833 hat er gelebt. Wilberforce war viele Jahre britischer Parlamentarier. Berühmt wurde er durch sein Engagement gegen den Sklavenhandel und die Sklaverei. 18 lange Jahre hat er dafür gekämpft, geredet, geschrieben, gestritten. Gegen heftige Widerstände. Am 24. Februar 1807 um vier Uhr morgens endlich wurde das Gesetz gegen den Sklavenhandel nach zehnstündiger Debatte mit überwältigender Mehrheit von 283 zu 16 Stimmen angenommen. Sklavenhändler galten vor dem Gesetz fortan als Piraten. Bis dahin waren sie „ehrbare" Kaufleute gewesen.

Dieses Gesetz galt zunächst nur für das Gebiet des Britischen Königreichs. Das aber ließ Wilberforce keine Ruhe. Er kämpfte weiter. Und hatte Erfolg. Land um Land schloss sich den Briten an.

Doch noch gab es Sklaven. Menschen ohne Menschenrechte und Menschenwürde. Nun kämpfte er genauso energisch wie zuvor gegen den Handel für die völlige Abschaffung der Sklaverei. Die wurde in Großbritannien schließlich am 26. Juli 1833 besiegelt. Drei Tage vor seinem Tod.

William Wilberforce wurde in der Westminster Abbey begraben. Und damit besonders geehrt.

Sein Motiv: der Glaube an einen gerechten und liebevollen Schöpfer und an die Würde seiner Geschöpfe. Vor dem Unterhaus sagte er einmal:

„Mir erschien die Verderbtheit des Sklavenhandels so enorm, so furchtbar und nicht wiedergutzumachen, dass ich mich uneingeschränkt für die Abschaffung entschieden habe. Mögen die Konsequenzen sein, wie sie wollen, ich habe für mich beschlossen, dass ich keine Ruhe geben werde, bis ich die Abschaffung des Sklavenhandels durchgesetzt habe."

Viele andere Christenmenschen auf der Welt leben und kämpfen für Gerechtigkeit. Ihre Namen sind legendär. Elisabeth von Thüringen, die im 13. Jahrhundert als Landgräfin ein Krankenhaus für Arme eingerichtet hat und alle Konventionen ihrer Zeit gesprengt hat. August Hermann Francke, der Ende des 18. Jahrhunderts den Grundstein für eine einzigartige Einrichtung für Waisenkinder gelegt hat. Mathilda Wrede, die als Aristokratin der skandinavische „Engel der Gefangenen" wurde. Martin Luther King, der der wesentliche Wegbereiter für die Gleichbehandlung und Gleichberechtigung der Schwarzen in den USA war. Jimmy Carter, der bis heute in aller Welt Häuser für Arme errichten lässt. Und immer und immer wieder Mutter Teresa, der Engel von Kalkutta.

Darüber hinaus gibt es viele, viele ungenannte Heldinnen und Helden des Alltags. Menschen, die das Gesicht der Erde verändert haben. Die von Gottes Herzen bewegt, von seinem Geist inspiriert waren. ›

Die Mutter von Thomas Alva Edison war wohl auch eine solche Heldin. Einmal war ihr Sohn von der Schule nach Hause gekommen und hatte seiner Mutter einen Brief gegeben. „Mein Lehrer hat mir diesen Brief gegeben und gesagt, ich soll ihn nur meiner Mutter zu lesen geben."
Die Mutter hatte die Augen voller Tränen, als sie dem Kind den Brief laut vorlas: „Ihr Sohn ist ein Genie. Diese

Schule ist zu klein für ihn und hat keine Lehrer, die gut genug sind, ihn zu unterrichten. Bitte unterrichten Sie ihn selbst."

Viele Jahre nach dem Tod der Mutter – Edison war inzwischen einer der größten Erfinder des Jahrhunderts – stöberte er eines Tages in alten Familiensachen. Plötzlich stieß er in einer Schreibtischschublade auf ein zusammengefaltetes Blatt Papier. Er nahm es und öffnete es. Es war der Brief der Schule, den er viele Jahre zuvor seiner Mutter mitgebracht hatte. Auf dem Blatt aber stand etwas völlig anderes als das, was ihm die Mutter vorgelesen hatte: „Ihr Sohn ist geistig behindert. Wir wollen ihn nicht mehr in unserer Schule haben."

Edison weinte stundenlang und dann schrieb er in sein Tagebuch:

„Thomas Alva Edison war ein geistig behindertes Kind. Durch eine heldenhafte Mutter wurde er zum größten Genie des Jahrhunderts."

Herztöne und Geistesblitze

Damit die Welt anders wird, wollen wir ihm folgen
Damit die Welt anders wird, wollen wir auf seinen Wegen gehn
Damit die Welt anders wird, wollen wir es wagen,
in dieser Welt ganz auf Jesus zu vertraun
Zehn mal tausend Ziele
in einem Wald voller Wegweiser sind wir verirrt
Einfach viel zu viele!
Da hör ich Jesus, er sagt: Ich bin der Weg
Laute, leise Lügen
laden zum Maskenball, laden zum Totentanz ein:
„Kommt euch selbst betrügen!"
Da hör ich Jesus, er sagt: Wahrheit bin ich

Leergebranntes Leben,
genarrt von Träumen und Tröstern, die welken im Wind
Hoffnungslos daneben!
Da hör ich Jesus, er sagt: Leben bin ich

Damit die Welt anders wird, wollen wir ihm folgen
Damit die Welt anders wird, wollen wir auf seinen Wegen gehn
Damit die Welt anders wird, wollen wir es wagen
in dieser Welt ganz auf Jesus zu vertraun

Jürgen Werth

11 Gottes Herz ist barmherzig

Der Begriff stammt aus der gotischen Kirchensprache. Ist also durchaus ein paar Jahrhunderte alt. Barmherzigkeit. Viele Menschen kennen ihn – wenn sie ihn denn überhaupt noch kennen – aus biblischen Geschichten wie der vom „Barmherzigen Samariter". Im Alltag gebrauchen wir das Wort eher selten.

> „Armherzig" hieß es einmal. Was bedeutet: ein Herz für die Armen haben. Für die Unglücklichen. Für die Notleidenden. Die Benachteiligten.

Das hebräische Wort für Barmherzigkeit, „rachamim", ist die Mehrzahl von „rechem", was wörtlich „Gebärmutter" heißt. Die Wortwurzel „cham" wiederum bedeutet Wärme.

Das also ist Gottes Barmherzigkeit: ein warmer und mütterlicher Ort der Geborgenheit, an dem Menschen heranwachsen und zu dem Wesen werden, als das sie gedacht und gewollt sind. Dieser Prozess ist niemals abgeschlossen. Darum dürfen sie immer wieder dorthin zurückkehren.

Gott ist Liebe und Wärme und Geborgenheit. Gott ist Schöpferkraft. Gott ist Barmherzigkeit. Gott ist –

Jesus.

In ihm hat Gottes Barmherzigkeit ein Gesicht bekommen. Hand und Fuß. Jesus ist Gottes Barmherzigkeit in Person.

Was das konkret heißt, erklärt jene Geschichte vom barmherzigen Samariter auf besonders eindrückliche Weise. Jesus hat sie sich ausgedacht. Als Illustration für das alte biblische Gebot „Du sollst deinen Nächsten lieben wie dich selbst". Und um zu zeigen, was Barmherzigkeit ist.

„Ein Mann befand sich auf der Straße von Jerusalem nach Jericho, als er von Räubern überfallen wurde. Sie raubten ihm seine Kleider und sein Geld, verprügelten ihn und ließen ihn halb tot am Straßenrand liegen. Zufällig kam ein jüdischer Priester vorbei. Doch als er den Mann dort liegen sah, wechselte er auf die andere Straßenseite und ging vorüber. Dann kam ein Tempeldiener und sah ihn ebenfalls dort liegen; doch auch er ging auf der anderen Straßenseite vorüber. Schließlich näherte sich ein Samariter. Als er den Mann sah, empfand er tiefes Mitleid mit ihm. Er kniete sich neben ihn, behandelte seine Wunden mit Öl und Wein und verband sie. Dann hob er den Mann auf seinen eigenen Esel und brachte ihn zu einem Gasthaus, wo er ihn versorgte. Am nächsten Tag gab er dem Wirt zwei Denare und bat ihn, gut für den Mann zu sorgen. ‚Sollte das Geld nicht ausreichen', sagte er, ‚dann werde ich dir den Rest bezahlen, wenn ich das nächste Mal herkomme.' Wer von den dreien war nun deiner Meinung nach der Nächste für den Mann, der von Räubern überfallen wurde?", fragte Jesus. Der Mann erwiderte: „Der, der Mitleid hatte und ihm half." Jesus antwortete: „Ja. Nun geh und mach es genauso." (Lukas 10,30-37; NLB)

Merkwürdig ist, dass Jesus hier einen Protagonisten wählt, der völlig aus dem Denkraster seiner jüdischen Zuhörer fällt. Ein Samariter war einer, der in den Augen der Juden schlicht falschlag in seinem Denken, in seinem Glauben und in seiner Lebenspraxis.

Aber hier lag einer richtig. Ganz und gar richtig.

Was wieder einmal zeigt, dass Jesus den Menschen sieht und nicht die Schublade, in die ihn seine Mitmenschen gerne stecken möchten.

Die anderen, die in dieser Geschichte vorkommen, handeln ja durchaus so, wie es das jüdische Gesetz vorschreibt. Sie hätten sich rituell verunreinigt, hätten sie sich mit einem Sterbenden eingelassen. Das Gesetz des Mose stand auf ihrer Seite. Scheinbar.

Denn das Gesetz ist das eine. Das andere ist die Liebe. Jesus sagt: Du kannst dich scheinbar gesetzeskonform verhalten und trotzdem das Gesetz brechen. Das Grundgesetz Gottes nämlich lautet: Liebe deinen Nächsten wie dich selbst. Das hat Jesus gelehrt. Das hat er gelebt. Und sich damit immer wieder das Missfallen der frommen Leute seiner Zeit zugezogen.

Barmherzigkeit ist also so etwas wie ein Synonym für Liebe. Paulus greift das in seinem Brief an die Christen in Korinth auf. Das berühmte 13. Kapitel ist das „Hohelied der Liebe".

„Wenn ich in den Sprachen der Welt oder mit Engelszungen reden könnte, aber keine Liebe hätte, wäre mein Reden nur sinnloser Lärm wie ein dröhnender Gong oder eine klingende Schelle. Wenn ich die Gabe der Prophetie hätte und wüsste alle Geheimnisse und hätte jede Erkenntnis und wenn ich einen Glauben hätte, der Berge versetzen könnte, aber keine Liebe hätte, so wäre ich nichts. Wenn ich alles, was ich besitze, den Armen geben und sogar meinen Körper opfern würde, damit ich geehrt würde, aber keine Liebe hätte, wäre alles wertlos. Die Liebe ist geduldig und freundlich. Sie ist nicht neidisch oder überheblich, stolz oder anstößig. Die Liebe ist nicht selbstsüchtig. Sie lässt sich nicht reizen, und wenn man ihr Böses tut, trägt sie es nicht nach. Sie freut sich niemals über Ungerechtigkeit, sondern sie freut sich immer an der Wahrheit. Die Liebe erträgt alles, verliert nie den Glauben, bewahrt stets die Hoffnung und bleibt bestehen, was auch geschieht. Die Liebe wird niemals aufhören, selbst wenn Prophetie, das Reden in unbekannten Sprachen und die Erkenntnis vergehen werden. Jetzt erkennen wir nur wenig, und auch unser prophetisches Reden offenbart nur wenig! Doch wenn am Ende das Vollkommene erscheint, wird das wenige aufhören. Als ich ein Kind war, redete und dachte und urteilte ich wie ein Kind. Doch als ich erwachsen wurde, legte ich das Kindliche ab. Jetzt sehen wir die Dinge noch unvollkommen, wie in einem trüben Spiegel, dann aber werden wir alles in völliger Klarheit erkennen. Alles, was ich jetzt weiß, ist unvollständig; dann aber werde ich alles erkennen, so wie Gott mich jetzt schon kennt." (1. Korinther 13,1-12; NLB)

Diese Liebe ist nicht von dieser Welt. Und wir müssten alle miteinander sagen: Diese Liebe gibt es gar nicht. Wenn Jesus sie nicht gelebt hätte. Im Grunde kann man in diesem Text überall da, wo „die Liebe" steht, „Jesus" einsetzen. Jesus ist die Liebe. Die menschgewordene Liebe

Gottes. Er ist die Barmherzigkeit. Die menschgewordene Barmherzigkeit Gottes.

Wie der Samariter in seiner eigenen Geschichte hat er ein Herz für die Armen, die Unglücklichen, die Notleidenden, die Benachteiligten dieser Welt. Ein Herz. Nicht ein Programm.

Sein Leben illustriert eindrucksvoll das, was das Volk Israel jahrhundertelang immer wieder im Gottesdienst gesungen hatte:

> „Er heilt, die zerbrochenen Herzens sind,
> und verbindet ihre Wunden."
> (Psalm 147,3; LUT)

Trotzdem war die Überraschung groß. Denn Jesus war selten da, wo ihn die Frommen vermutet und erwartet hatten. Konnte er der Messias sein?

Nach seiner Geburt strampelte er in einem Futtertrog, obwohl die Engel verkündet hatten, dass er der Heiland der Welt wäre und er deshalb eher in einen Palast gepasst hätte.

Mit zwölf blieb er im Tempel, obwohl sich seine Familie längst wieder auf den Heimweg vom Passahfest gemacht hatte. Zurück in den Alltag, der aus Zimmerwerkstatt und Haushalt bestand.

Mit 30 predigte und heilte er im Multikulti-Land Galiläa, obwohl man im frommen Judäa zu sein hatte, wenn man ein religiöser Führer sein wollte.

Drei Jahre später zog er nach Jerusalem, obwohl jeder wusste, dass man ihm da ans Leben wollte. Und als man kurzen Prozess mit ihm gemacht hatte und er einen ganz und gar unwürdigen Verbrechertod zu sterben hatte, blieb er am Kreuz, obwohl er die himmlischen Heerscharen auf die Erde hätte bitten können, um ihrerseits kurzen Prozess zu machen mit allen, die an seinem Elend schuld waren.

Nein, meist war er nicht da, wo man ihn vermutet hatte.

Was aber schon viel früher begonnen hatte. Schließlich war er der Sohn Gottes. Ausgestattet mit allen himmlischen Machtinsignien. Dort hätte er bleiben können, im Himmel. Dort gehörte er hin. Ein Gott passt in den Himmel, aber nicht auf die Erde. Doch er verließ die himmlische Herrlichkeit und wurde Mensch unter Menschen.

Wer Jesus sucht, sucht ihn vergeblich, wenn er an der falschen Stelle sucht.

Was auch diese kleine Erzählung aus dem 9. Kapitel des Matthäusevangeliums verdeutlicht:

> „Als Jesus weiterging, sah er einen Mann namens Matthäus am Zoll sitzen und sagte zu ihm: Folge mir nach! Da stand Matthäus auf und folgte ihm. Und als Jesus in seinem Haus beim Essen war, kamen viele Zöllner und Sünder und aßen zusammen mit ihm und seinen Jüngern. Als die Pharisäer das sahen, sagten sie zu seinen Jüngern: Wie kann euer Meister zusammen mit Zöllnern und Sündern essen? Er hörte es und sagte: Nicht die Gesunden brauchen den Arzt, sondern die

Kranken. Darum lernt, was es heißt: Barmherzigkeit will ich, nicht Opfer. Denn ich bin gekommen, um die Sünder zu rufen, nicht die Gerechten." (Verse 9-13; EÜ)

Jesus ist bei denen, bei denen man ihn nicht vermutet. Bei den Übersehenen und Übervorteilten, bei den Ausgegrenzten und Ausgestoßenen. Bei denen, die wissen, dass sie auf Gnade und Barmherzigkeit angewiesen sind, weil sie weder bei Menschen noch bei Gott mit Selbstgerechtigkeit punkten können. Er ist bei den Sündern, die sich nach Gott sehnen.

Und damit bei uns. Und damit bei mir.

Und ich will bei ihm sein. Wir wollen bei ihm sein, wir, die wir seinen Namen tragen: Christen. Christusleute. Wir wollen bei ihm sein. Wir sollen da sein, wo er ist. Das heißt immer wieder, die scheinbar fromme Komfortzone zu verlassen. So wie er das getan hat, damals, als er den Himmel verlassen hat. Als er unser Leben auf dieser Erde geteilt hat. Und wie er das immer wieder tut. Bis heute.

Jesus will das Herz der Menschen verändern, indem er sie in sein Herz schauen lässt. Indem er ihnen sein Herz schenkt. Wer seine Barmherzigkeit erlebt hat und immer neu erlebt, wird allmählich zu einem Menschen, der diese Barmherzigkeit selbst lebt. Er muss sie sich nicht vornehmen. Sie ist in ihm drin. In seinen Gedanken und Gefühlen. In seinem Herzen.

Herztöne und Geistesblitze

Bist du ein Engel oder nicht?
Du siehst nicht aus wie all die Engel aus den Büchern.
Bist du ein Engel? Eher nicht!
Denn Engel kommen meist in leuchtend weißen Tüchern.
Doch warst du da, als ich dich rief,
und was du sagst, berührt mich tief.
Du bist ein Engel! Oder wenigstens beinah.

Bist du ein Engel oder nicht?
Du kamst zu Fuß und bist nicht durch die Luft geflogen.
Bist du ein Engel? Eher nicht!
Denn mit Verlaub bist du sehr irdisch angezogen!
Doch macht dein Strahlen alles wett,
und du bist einfach himmlisch nett.
Du bist ein Engel! Oder wenigstens beinah.

Bist du ein Engel oder nicht?
Hat denn ein Engel kurzes Haar und braune Augen?
Bist du ein Engel? Eher nicht!
Denn ich seh keine Flügel, die zum Fliegen taugen.
Doch wenn du lachst, lacht auch mein Herz,
ziehn die Gedanken himmelwärts.
Du bist ein Engel! Oder wenigstens beinah.

Bist du ein Engel oder nicht?
Für mich kamst du direkt vom Himmel auf die Erde.
Bist du ein Engel? Weiß es nicht.
Weil ich nur staunen und nicht weiter fragen werde.

Du kommst von Gott, du bringst sein Licht,
mehr bringen auch die Engel nicht.
Du bist ein Engel! Oder wenigstens beinah.

Jürgen Werth[11]

12 Gottes Geist macht Menschen beziehungsfähig

Wir verstehen einander nicht. Manchmal nicht mal uns selber.

Der Psychologe Paul Watzlawik hat darum einmal keck behauptet: „Das Missverständnis ist der Normalfall der Kommunikation." Was manchmal an der Sprache liegt. Manchmal auch an der Kultur. Oder an unseren Persönlichkeiten. Oder an allem zusammen.

Sprächen wir wenigstens dieselbe Sprache! Aber würde das helfen?

Der österreichische Schriftsteller Karl Kraus schreibt über Österreicher und Deutsche, dass das zwei Völker wären, „die durch die gemeinsame Sprache getrennt" sind. Weil sie oft einfach nur meinen, sie sprächen dieselbe Sprache.

Die Bibel erzählt vom Turmbau zu Babel und damit vom Beginn der „babylonischen Sprachverwirrung". Und sie erzählt von Pfingsten und der Rückkehr der gemeinsamen Sprache. Hier der Anfang des zweiten Kapitels der Apostelgeschichte, die Verse 1-12:

> „Schließlich kam das Pfingstfest. Auch an diesem Tag waren sie alle wieder am selben Ort versammelt. Plötzlich setzte vom Himmel her ein Rauschen ein wie von einem gewaltigen Sturm; das ganze Haus, in dem sie sich befanden, war von diesem Brausen erfüllt. Gleichzeitig sahen sie so etwas wie Flammenzungen, die sich

verteilten und sich auf jeden Einzelnen von ihnen niederließen. Alle wurden mit dem Heiligen Geist erfüllt, und sie begannen, in fremden Sprachen zu reden; jeder sprach so, wie der Geist es ihm eingab. Wegen des Pfingstfestes hielten sich damals fromme Juden aus aller Welt in Jerusalem auf. Als nun jenes mächtige Brausen vom Himmel einsetzte, strömten sie in Scharen zusammen. Sie waren zutiefst verwirrt, denn jeder hörte die Apostel und die, die bei ihnen waren, in seiner eigenen Sprache reden. Fassungslos riefen sie: ‚Sind das nicht alles Galiläer, die hier reden? Wie kommt es dann, dass jeder von uns sie in seiner Muttersprache reden hört? Wir sind Parther, Meder und Elamiter; wir kommen aus Mesopotamien und aus Judäa, aus Kappadozien, aus Pontus und aus der Provinz Asien, aus Phrygien und Pamphylien, aus Ägypten und aus der Gegend von Zyrene in Libyen. Sogar aus Rom sind Besucher hier, sowohl solche, die von Geburt Juden sind, als auch Nichtjuden, die den jüdischen Glauben angenommen haben. Auch Kreter und Araber befinden sich unter uns. Und wir alle hören sie in unseren eigenen Sprachen von den wunderbaren Dingen reden, die Gott getan hat!‘ Alle waren außer sich vor Staunen. ‚Was hat das zu bedeuten?‘, fragte einer den anderen, aber keiner hatte eine Erklärung dafür." (NGÜ)

Es ist schier unfassbar: Der Geist kommt. Und plötzlich verstehen sich die Leute. Verstehen sich wieder.

Gottes Geist löst die Zunge, macht sprachfähig. Und er öffnet die Ohren, macht hörfähig. Gottes Geist schenkt Verstehen und Verständnis.

Damit ist die Pfingstgeschichte der Gegenentwurf zur Geschichte vom Turmbau zu Babel aus dem 1. Buch Mose, Kapitel 11.

Wie war es denn eigentlich damals?
Eine Sprache hatten die Menschen. Weil sie zum selben Volk gehörten. Zu den Überlebenden der Sintflut. Sie waren alle miteinander von Gott aus dem Wasser gezogen worden. Von ihrem Schöpfer, der versprochen hatte, nie wieder so ein Unglück zu schicken. Nun lebten sie miteinander unter seinem Regenbogen, unter seiner Gnade.

Gott war die Mitte ihres Lebenskreises. Alles und alle waren auf ihn bezogen. Bis – ja, bis sie selber Gott sein wollten und damit jeder der Mittelpunkt eines eigenen Lebenskreises.

Seitdem leben Milliarden kleine Kreise auf dem Globus … Getrennt von Gott. Getrennt voneinander. Sprachunfähig. Hörunfähig. Verständigungsunfähig.

Es ist so bis heute: Wer wie Gott sein will, verliert die Beziehung zu Gott. Und er verliert die Beziehung zu den anderen. Schließlich will er, dass alles auf ihn bezogen ist und nicht mehr auf Gott.

Ein Volk gab es bis dahin. Mit einem Gott. Seitdem gibt es ungezählte Möchtegern-Götter. Und viele Sprachen.

Wir alle ahnen, was wir verloren haben.

Wir sehnen uns nach einer ganzen Welt, einer heilen Welt, nach heilen Beziehungen. Wir sehnen uns danach, dass alles einen Sinn ergibt, sehnen uns nach dem Paradies, wo alles stimmt, alles zusammenpasst. Wir sehnen uns nach einem Zuhause. Denn „man ist nicht da zu Hause, wo man seinen Wohnsitz hat, sondern da, wo man verstanden wird". So sagt es Christian Morgenstern.

Aber wir ahnen, dass wir das nicht hinbekommen, weil wir es in Tausenden Jahren nicht hinbekommen haben, allen Therapien zum Trotz. Wir reden aneinander vorbei. Wir hören aneinander vorbei. Und wir bekämpfen einander.

Doch dann kommt Pfingsten! Dann schickt Gott seinen Geist. Denen, die Buße tun, sich taufen lassen, sich die Sünden vergeben lassen. Denen, die wissen, dass sie vor Gott nicht bestehen können, und die bereit sind, umzudenken und umzukehren. Die ihn wieder die Mitte ihres Denkens und Handelns sein lassen.

Mehr müssen Menschen nicht tun, um mit Gottes Geist beschenkt zu werden: erkennen und zugeben, dass sie mit leeren Händen vor Gott stehen.

Und dann?

Alle verstehen alle. Später heißt es sogar: Sie sind ein Herz und eine Seele. Was leider nicht allzu lange angehalten hat. Vielleicht, weil sie diesem Geist nicht mehr genügend Raum gegeben haben?

Aber Gott gibt nicht auf. Jeder Tag kann Pfingsten sein. In unseren Gemeinden. In unseren kleinen und großen Gemeinschaften. In unserem Land. In der Welt. Wenn wir ihn denn lassen.

Wie macht der Heilige Geist das eigentlich? Er lockt uns zu Jesus. Er setzt Jesus in die Mitte unserer Beziehungen.

So ist er, „der arme Heilige Geist", wie Martin Luther mal geschmunzelt hat. Arm – weil er ganz allein von Jesus Christus predigen kann. Und sonst nichts weiß.

So lockt er uns gemeinsam vors leere Grab. Auf den Hügel Golgatha. Vor die Krippe von Bethlehem. Und so bringt er Menschen zusammen, die einander wohl nie gesucht hätten. Und er schenkt, dass sie einander verstehen.

Zum ersten Mal geschieht das schon ganz am Anfang der Jesus-Geschichte. Im Stall von Bethlehem. Hier ist irgendwie geheimnisvoll die erste Gemeinde entstanden. Wir erinnern uns:

Sie trafen sich im Stall. Weil ein Kind geboren war. Was hier nun wirklich nicht alle Tage passierte. Ein höchst irdischer Platz war zum himmlischen Kreißsaal geworden. Und lockte einfältige Hirten und weltweise Sterndeuter unter sein windschiefes Dach. Mit leeren Herzen kamen die einen, mit vollen Händen die anderen. Dann knieten sie zusammen vor einem Säugling. Und waren Gott nah wie nie. Und einander. „Euch ist heute der Heiland geboren!" Nie wieder würden sie diese Schlagzeile, die Engel an den Himmel geschrieben hatten, vergessen. Und die Menschen, die links und rechts von ihnen gestaunt und gebetet hatten, ebenso wenig. So wurde der Stall von Bethlehem auch das erste kleine Gemeindehaus, in dem die erste kleine christliche Gemeinde geboren wurde.

Gnadenbringende Weihnachtszeit …

So ein Stall hat ja einen ganz besonderen Charme. Ein Pfarrer, der neben seiner kleinen Dorfgemeinde einen Reiterhof für Jugendliche bewirtschaftete, schwärmte einmal von den unaufgeregten Begegnungen und Gesprächen in seinem Pferdestall. „Da kommen die Leute einfach so. Können mit ihrem Pfarrer reden und müssen sich nicht extra fein machen, weil sie ins Pfarrhaus wollen. Sie sollten es nicht einmal." Im Stall sind alle gleich.

Die christliche Gemeinde ist eine Gemeinde im Stall, wenn sie denn die Gemeinde von Jesus sein will. Reiche und Arme, Schlichte und Schlaue, Realisten und Romantiker, Suchende und Gefundene knien vor dem Kind in der Krippe. Zusammen kommen sie zu ihm. Und bei ihm kommen sie zusammen.

Zusammengerufen vom Geist. Zusammengerufen zu Jesus.

Und das nicht nur zur Weihnachtszeit …

Die Gebetswoche der Evangelischen Allianz, die alle Jahre wieder nicht nur in Deutschland, sondern in vielen anderen Ländern der Welt stattfindet, ist, wenn Sie gestatten, eine Veranstaltung im Stall. Da beten Christen gemeinsam, und das Trennende verliert an Gewicht. Es wird nicht ausradiert, nein. Aber vor dem Kind in der Krippe büßt es seine zerstörerische Sprengkraft ein. Wer sich dem kleinen Jesus nähert, kommt auch denen näher, die sich wie er nähern. Auch wenn sie sonst in so verschiedenen Welten leben wie judäische Hirten und orientalische Sterndeuter.

Allianz ist, die Begrenzung des eigenen Horizonts zu sehen und zu akzeptieren.
Allianz ist, den eigenen Kirchturm nicht für den Nabel der Welt zu halten. Allianz ist Sehnsucht nach Ergänzung. Aber warum sage ich „Allianz"? Ich meine die ganze Christenheit. Die weltweite Kirche. Wir brauchen einander. Wir können voneinander lernen. Aber dazu müssen wir aufeinander hören und miteinander reden und uns nicht gegenseitig ins nicht ganz so fromme Eckchen stellen.

Nur wer meint, er habe allein die ganze Fülle des Himmels und der Erde begriffen, kann auf den Bruder, auf die Schwester verzichten.

Die Gemeinschaft der Gläubigen muss eine Gemeinschaft im Stall sein. Mit Stallgeruch. Wer hier zusammengerufen wurde, lässt sich weder durch eine unterschiedliche nationale Herkunft noch durch unterschiedliche parteipolitische Präferenzen oder theologische Detailerkenntnisse auseinanderdividieren. Wer darüber gestaunt hat, dass der Herr aller Herren aller Diener geworden ist, kann sich nicht mehr so leicht über die Schwester, über den Bruder erheben. Wer drinnen gemeinsam Halleluja gesungen hat, kann sich draußen nicht wieder unbarmherzig die Leviten lesen.

Christen gehören unauflösbar zusammen, weil ihr Herz dem Kind von Bethlehem gehört.

An all das erinnert der Geist. Im Stall beginnen wir, einander zu verstehen. Einander und uns selber. Bei ihm. In seiner Nähe.

So weit die Theorie? Die Praxis sieht aber doch ganz anders aus, sagen Sie?

Klar, wir leben nach Weihnachten. Und nach Pfingsten. Und es gibt wieder „sone" und „solche". Die einen und die anderen. Und die Christen teilen sich in unterschiedliche Fraktionen. Je evangelischer, desto mehr.

Aber schon immer gab es Einzelne, die zur Einheit gemahnt haben, die Gottes Geist und sein Herz zurückgebetet haben in die Gemeinschaft der zuweilen alles andere als „Heiligen".

Der Straßburger Reformator Martin Bucer (1491-1551), der im 16. Jahrhundert unermüdlich unterwegs war, um im Abendmahlsstreit zwischen Lutheranern und Zwinglianern zu vermitteln, war so einer. Ein Brückenbauer der besonderen Art. Hätte es damals schon die Evangelische Allianz gegeben – er wäre ein vorzüglicher Kandidat für den Vorsitz gewesen!

Einmal stoßseufzte er:

> „Wenn man sofort denjenigen als vom Geist Christi verlassen verurteilen will, der nicht ganz genau so urteilt wie man selbst – wen, frage ich, kann man dann noch als Bruder ansehen!"

Dabei ist es heute doch nicht anders als damals im Stall: Einheit entsteht dort, wo sich unterschiedliche Menschen Christus nähern.

Klar, man wird nicht immer sagen können: „Seht, wie haben sie einander so lieb …" Das hat man ja auch schon bald nicht mehr über die ersten Christen sagen können. Aber man wird hoffentlich über uns sagen, was Gerhard Tersteegen so formuliert hat:

> „Wir, als die von einem Stamme, stehen auch für einen Mann."

Wir gehören zusammen, wenn wir zu ihm gehören. Wir gehören zum selben Stamm. Zur selben Familie. Weil wir denselben Vater haben! Und mit Jesus so etwas wie den Erstgeborenen in unserer Familie. Das ist großartig. Aber auch ein bisschen kompliziert. Denken Sie mal an Ihre Familie …

„Wenn Christen zusammen leben und arbeiten, entstehen liebevolle Beziehungen, die ein ganzes Leben lang halten. Aber manchmal schlagen dieselben Beziehungen ins Gegenteil um. Warum? Weil wir eine Familie sind!"

Das schreibt der amerikanische Gemeindeberater Donald V. Cartmell. Wo geht man besonders ruppig miteinander um? Wo nimmt man besonders wenig Rücksicht aufeinander? Wo lässt man sich mal so richtig gehen?

Wo man zu Hause ist. In der Familie.

Das ist der Charme einer Familie. Und ihr Problem. Das ist der Charme einer christlichen Gemeinde. Und ihr Problem.

Was ist zu tun?

Erstens akzeptieren, dass es so ist.

Zweitens einen Familienrat einberufen. Einen Gemeinderat. Und über die Frage sprechen: Wo verletzen wir einander ständig – aus Nachlässigkeit oder mit Absicht? Wo müssen wir einander um Verzeihung bitten? Wo drückt uns der Schuh?

Und drittens ein paar Regeln festlegen. Pünktlich sein. Zuverlässig sein. Aufmerksam sein. Zuhören einüben. Miteinander reden statt übereinander. Verschwiegen sein. Vorurteile nicht zulassen.

Man braucht schon ein paar Regeln. Die einen mehr, die anderen weniger.

Und vor allem kommt es darauf an: einander immer wieder neu annehmen. Weil Christus jeden von uns immer neu annimmt. Der betet sogar dafür, dass sich seine Leute vertragen.

Im Hohepriesterlichen Gebet, das Johannes im 17. Kapitel seines Evangeliums aufgezeichnet hat, betet Jesus für seine oft zerstrittenen Nachfolger (Vers 11):

„Heiliger Vater, bewahre sie in deiner göttlichen Gegenwart, die ich ihnen vermitteln durfte, damit sie eins sind, so wie du und ich eins sind."

Ich stelle mir zuweilen vor, dass Jesus dieses Gebet bis heute betet.

Jesus betet dafür, dass sich seine Nachfolger vertragen. Dabei geht es für ihn nicht um Einförmigkeit. Es geht um Einmütigkeit. Weil darin die Liebe Gottes erfahrbar wird. Diese Einheit schenkt sein Geist.

Herztöne und Geistesblitze

Zieh ein zu deinen Toren,
sei meines Herzens Gast,
der du, da ich verloren,
mich neugeboren hast,
o hochgeliebter Geist
des Vaters und des Sohnes,
mit beiden gleichen Thrones,
mit beiden gleich gepreist.

Zieh ein, lass mich empfinden
und schmecken deine Kraft,
die Kraft, die uns von Sünden
Hilf und Errettung schafft.
Entsündge meinen Sinn,
dass ich mit reinem Geiste
dir Ehr und Dienste leiste,
die ich dir schuldig bin.

Du bist ein Geist, der lehret,
wie man recht beten soll;
dein Beten wird erhöret,
dein Singen klinget wohl.
Es steigt zum Himmel an,
es lässt nicht ab und dringet,
bis der die Hilfe bringet,
der allen helfen kann.
Du bist ein Geist der Freuden,
von Trauern hältst du nicht,
erleuchtest uns im Leiden
mit deines Trostes Licht.
Ach ja, wie manches Mal

hast du mit süßen Worten
mir aufgetan die Pforten
zum güldnen Freudensaal.

Du bist ein Geist der Liebe,
ein Freund der Freundlichkeit,
willst nicht, dass uns betrübe
Zorn, Zank, Hass, Neid und Streit.
Der Feindschaft bist du feind,
willst, dass durch Liebesflammen
sich wieder tun zusammen,
die voller Zwietracht seind.

Du, Herr, hast selbst in Händen
die ganze weite Welt,
kannst Menschenherzen wenden,
wie dir es wohlgefällt.
So gib doch deine Gnad
zu Fried und Liebesbanden,
verknüpf in allen Landen,
was sich getrennet hat.

Richt unser ganzes Leben
allzeit nach deinem Sinn;
und wenn wirs sollen geben
ins Todes Rachen hin,
wenns mit uns hier wird aus,
so hilf uns fröhlich sterben
und nach dem Tod ererben
des ewgen Lebens Haus.

Paul Gerhard 1653
Evangelisches Gesangbuch, Nr. 133, Auszüge

Einfach Herz und Hirn und Hände aufhalten

Einfach beten. Einfach die Hände aufhalten. Das Herz. Das Hirn. Jeden Tag, jede Stunde. Regelmäßig und spontan. Um Gottes Herz bitten. Um seinen Geist.

In der alten mönchischen Tradition gibt es das Stundengebet. Um 9 Uhr morgens, in der sogenannten Terz, bittet man traditionell um den Heiligen Geist. Zum Beispiel mit diesem Gebet von Stephan Langton, der im 13. Jahrhundert Erzbischofs von Canterbury war:

> Komm, Heiliger Geist,
> sende vom Himmel
> Strahlen deines Lichtes.
> Komm, Vater der Armen,
> komm, Geber von Gaben,
> komm, Licht der Welt.
> Vollkommener Tröster,
> süßer Gast der Seele,
> süße Kühle.
> Du bist wie eine Entspannung von der Arbeit,
> wie eine Erfrischung in der Hitze,
> wie Trost in den Tränen.
> O bestes Licht,
> fülle die innersten Herzen
> deiner Gläubigen.
> Ohne dich
> wären Menschen bedeutungslos und leer,
> nichts wäre harmlos.

Reinige das Schmutzige,
wässere das Ausgetrocknete,
heile das Verletzte.
Weiche das Verhärtete auf,
erwärme das Erkaltete,
leite das Verirrte.
Gib ein gesundes Ende,
gib ewige Freuden.
Amen.[12]

Um Gottes Geist beten. Ihn hineinbeten in die Verworrenheit der eigene Gedanken und Gefühle und in die Verworrenheit der Welt. Um Gottes Herz beten. Es hineinbeten in die Wankelmütigkeit des eigenen Herzens und in die Herzlosigkeit der Welt.

Er hört zu. Und er antwortet.

In den dunklen 30er-Jahren des letzten Jahrhunderts hat der Schriftsteller Reinold Schneider ein Sonett verfasst, das im Zweiten Weltkrieg durch die Schützengräben von Hand zu Hand gegeben wurde und das bis heute aktuell ist. 1936 hat er es geschrieben. 1941 wurde es zum ersten Mal veröffentlicht. Ich habe es vor ein paar Jahren vertont. Noch immer, wenn ich es singe, verursacht es bei mir eine leichte Gänsehaut.

Allein den Betern kann es noch gelingen
Das Schwert ob unsern Häuptern aufzuhalten
Und diese Welt den richtenden Gewalten
Durch ein geheiligt Leben abzuringen

Denn Täter werden nie den Himmel zwingen
Was sie vereinen, wird sich wieder spalten
Was sie erneuern, über Nacht veralten
Und was sie stiften, Not und Unheil bringen.

Jetzt ist die Zeit, da sich das Heil verbirgt
Und Menschenhochmut auf dem Markte feiert
Indes im Dom die Beter sich verhüllen

Bis Gott aus unsern Opfern Segen wirkt
Und in den Tiefen, die kein Aug' entschleiert
Die trockenen Brunnen sich mit Leben füllen[13]

Ich will es bedenken. Und aussprechen. Und immer wieder auch singen. Und ich will es üben, das Beten. Allein und mit anderen. Damit Gott es immer neu wahrmacht:

„Ich schenke euch ein neues Herz und lege einen neuen Geist in euch."

Anmerkungen

1   Sir Francis Drake: Störe uns, Herr. Quelle unbekannt.
2   Albert Camus: Der Fall. Gesammelte Erzählungen, Rowohlt Verlag, 1966.
3   Dietrich Bonhoeffer: Wiederstand und Ergebung. Chr. Kaiser Verlag München, 1951.
4   „Alle Leute sagen, es gäbe keinen Teufel". Text: Dieter Mendt. Rechteinhaber nicht auffindbar.
5   Musical „David – ein Sänger, ein König". Text: Jürgen Werth. SCM Hänssler Holzgerlingen, 1982.
6   Liedtexte Jürgen Werth: alle Rechte beim Autor, sofern nicht anders angegeben.
7   Daniel T. Niles: Brief an einen Buddhisten. Chr. Kaiser Verlag München, 1960.
8   Peter Horton: Die zweite Saite. Aphorismen, Satire, Zärtlichkeiten. Echter, 1. Auflage, 2004.
9   Bruder Martinus. Buch: Eckart zur Nieden, Liedtexte: Abakus Musik Greifenstein, 2014.
10   Johann Baptist Metz: Jenseits bürgerlicher Religion. Matthias-Grünewald-Verlag, 1980.
11   Jürgen Werth: Bist du ein Engel? Abakus Musik Greifenstein, 2008.
12   Stephan Langton: Komm, Heiliger Geist. Quelle unbekannt.
13   Reinhold Schneider: Allein den Betern. Reinhold-Schneider-Gesellschaft Paderborn, 1936.

Zu den Begrifflichkeiten:

Herz:

Damit wird in der Bibel nur ganz selten das Körperorgan gemeint. In der Regel bezeichnet „Herz" das Innerste des Menschen, seine eigentliche Mitte; es ist der Sitz seiner Entscheidungen und Willensentschlüsse (2. Samuel 7,3; Sprüche 16,9). Mit dem Herzen empfindet der Mensch Freude, Schmerz und Angst (1. Samuel 1,8; Sprüche 15,13; Jesaja 7,2); aber in den weitaus meisten Fällen entspricht es dem, was wir Verstand und Gedächtnis nennen. Der

Hebräer denkt mit dem Herzen (5. Mose 29,3; Sprüche 15,14; Matthäus 9,4; 12,34; 15,18-19). Im Herzen wohnt aber auch die Liebe (Richter 9,3; 16,15.17-18; Hohelied 4,9; 8,6), und es steht für das Gewissen (1. Samuel 24,6; 2. Chronik 34,27). Wenn das Herz sich verhärtet, ist der ganze Mensch verschlossen (2. Mose 4,21: „verstocktes Herz"). Als Mitte der Person ist das „Herz" auch Ort der Begegnung mit Gott, im Neuen Testament Wohnung für den Geist Gottes (2. Korinther 1,22; Galater 4,6) und für Christus (Epheser 3,17).

http://www.die-bibel.de

Geist:
Das hebräische Wort für Geist bedeutet ursprünglich „Wind, Hauch". Gemeint ist damit das Lebensprinzip, das der Erschaffung der Welt zugrunde liegt (1. Mose 1,2; Jesaja 32,15), das Gott seinen Geschöpfen verliehen hat und über das er jederzeit verfügt. Vom Geist Gottes gehen aber auch spezielle Wirkungen auf bestimmte Menschen aus: Der Geist kommt über einen Menschen und treibt ihn zu einer bestimmten Tat (Richter 3,10; 13,25). Er beseelt die ekstatischen Prophetengemeinschaften (1. Samuel 10,10-12) und kann einen Propheten ganz real an einen anderen Ort versetzen (1. Könige 18,12; vgl. Hesekiel 8,3). Wenn der Geist Gottes ständig auf einem Menschen ruht wie auf David (1. Samuel 16,13) oder einer prophetischen Gestalt (Jesaja 42,1; 61,1), ist dies das Zeichen einer besonderen Verbundenheit mit Gott und Beauftragung durch ihn. Propheten des Alten Testaments haben für die Zukunft eine Ausgießung des Gottesgeistes über das ganze Volk erwartet (Hesekiel 36,27; Joel 3). Die neutestamentliche Gemeinde sah diese Erwartung durch Jesus erfüllt, der nicht nur selbst vom Geist Gottes erfüllt war (Markus

1,10), sondern diesen Geist auch den Seinen vermittelt hat (Apostelgeschichte 2). Mit der Taufe (z.T. auch mit der Handauflegung: Apostelgeschichte 8,17; 19,6) wird allen Glaubenden der Geist verliehen. Seine Einwohnung ist Zeichen und Gewähr dafür, dass sie an der neuen Welt Gottes teilhaben (Epheser 1,13-14). Er äußert sich in zahlreichen „Geistesgaben" und gibt durch sie der Gemeinde Wachstum, Form und Halt (1. Korinther 12; Epheser 4,7-13). Aber schon, dass jemand Christus als seinen Herrn erkennen und an ihn glauben kann, ist das Werk des Geistes (1. Korinther 12,3).

http://www.die-bibel.de

Hesekiel:
Hesekiel oder Ezechiel war einer der Ersten, die im Jahre 597 v.Chr. nach Babylon verschleppt wurden. Dort wurde er von Gott zum Propheten berufen. Seine Wirksamkeit reichte über die völlige Vernichtung Jerusalems 587 v.Chr. hinaus.

Die Botschaft Hesekiels – wie dann auch das ganze Buch – hat zwei Teile, die eng mit den politischen Ereignissen zusammenhängen und von ihnen geprägt sind: Kapitel 1–24 enthalten Worte aus der Zeit vor 587 v.Chr. Kapitel 25–48 gehören in die Zeit nach 587 v.Chr.

Im ersten Teil handelt es sich ausschließlich um Gerichtsbotschaften. Hesekiel wendet sich gegen die trügerische Hoffnung der Verbannten, ihre Exilszeit würde nur von kurzer Dauer sein, weil Gott seine Stadt Jerusalem doch nicht der gänzlichen Zerstörung preisgeben könnte. Mit einer symbolischen Handlung untermauert Hesekiel – ähnlich wie Jeremia – seine Botschaft. In Kapitel 4 wird berichtet, wie Hesekiel das Gericht über Israel und Juda durch „Belagerung" eines von ihm gebauten Stadtmodells darstellen soll. Für die Schuld des Nordreichs Israel soll er 390 Tage auf seiner linken Seite neben diesem Bau liegen, für die Schuld des Südreichs Juda noch weitere 40 Tage. Während dieser Zeit muss er sein Brot auf Kuhmist backen.

Ziel dieser drastischen Botschaft ist es, die Menschen zur Einsicht zu bringen. So heißt es in Kapitel 18:

„Meinst du, dass ich Gefallen habe am Tode des Gottlosen, spricht Gott der HERR, und nicht vielmehr daran, dass er sich bekehrt von seinen Wegen und am Leben bleibt?" (Hesekiel 18,23).

Der zweite Teil enthält in den Kapiteln 25–33 eine Sammlung von Sprüchen gegen fremde Völker. Über die Wende, die nach 587 v.Chr. geschieht, berichten die Kapitel 34–48: Es ist nun die dringende Aufgabe des Propheten, die weggeführten, niedergeschlagenen Menschen zu trösten. Ein eindrückliches Bild für einen Neuanfang ist die Vision von der Erweckung des Totenfeldes (Kapitel 37): Aus einem Haufen vertrockneter Knochen lässt Gott lebendige Menschen werden. So wie diese Toten wieder leben können, wird das Volk Israel wieder in seinem eigenen Lande leben.

In den Kapiteln 40–48 wird beschrieben, wie Hesekiel einen wiedererstandenen Tempel in Jerusalem sieht und von Gott das Versprechen erhält, er wolle wieder dort Einzug halten. Einzelne Motive dieser großartigen Vision haben lange nachgewirkt. In der Offenbarung des Johannes am Ende des Neuen Testaments wird ein neues Jerusalem beschrieben, in dem Gott unter den Menschen wohnen will.

http://www.die-bibel.de

16 „Das Wort des Herrn erging an mich: 17 (Hör zu,) Menschensohn! Als Israel in seinem Land wohnte, machten sie das Land durch ihr Verhalten und ihre Taten unrein. Wie die monatliche Unreinheit der Frau war ihr Verhalten in meinen Augen. 18 Da goss ich meinen Zorn über sie aus, weil sie Blut vergossen im Land und das Land mit ihren Götzen befleckten. 19 Ich zerstreute sie unter die Völker; in alle Länder wurden sie vertrieben. Nach ihrem Verhalten und nach ihren Taten habe ich sie gerichtet. 20 Als sie aber zu den Völkern kamen, entweihten sie überall, wohin sie kamen, meinen heiligen Namen; denn man sagte von ihnen: Das ist das Volk Jahwes und doch mussten sie sein Land verlassen. 21 Da tat mir mein heiliger Name leid, den das Haus Israel bei den Völkern entweihte, wohin es auch kam. 22 Darum sag zum Haus Israel: So spricht Gott, der Herr: Nicht euretwegen handle ich, Haus Israel, sondern um meines heiligen Namens willen, den ihr bei den Völkern entweiht habt, wohin ihr auch gekommen seid. 23 Meinen großen, bei den Völkern entweihten Namen, den ihr mitten unter ihnen entweiht habt, werde ich wieder heiligen. Und die Völker – Spruch Gottes, des Herrn – werden erkennen, dass ich der Herr bin, wenn ich mich an euch vor ihren Augen als heilig erweise. 24 Ich hole euch heraus aus den Völkern, ich sammle euch aus allen Ländern und bringe euch in euer Land. 25 Ich gieße reines Wasser über euch aus, dann werdet ihr rein. Ich reinige euch von aller Unreinheit und von allen euren Götzen. 26 **Ich schenke euch ein neues Herz und lege einen neuen Geist in euch.** Ich nehme das Herz von Stein aus eurer Brust

und gebe euch ein Herz von Fleisch. 27 Ich lege meinen Geist in euch und bewirke, dass ihr meinen Gesetzen folgt und auf meine Gebote achtet und sie erfüllt. 28 Dann werdet ihr in dem Land wohnen, das ich euren Vätern gab. Ihr werdet mein Volk sein und ich werde euer Gott sein. 29 Ich befreie euch von allem, womit ihr euch unrein gemacht habt. Ich rufe dem Getreide zu und befehle ihm zu wachsen. Ich verhänge über euch keine Hungersnot mehr. 30 Ich vermehre die Früchte der Bäume und den Ertrag des Feldes, damit ihr nicht mehr unter den Völkern die Schande einer Hungersnot ertragen müsst. 31 Dann werdet ihr an euer verkehrtes Verhalten und an eure bösen Taten denken und es wird euch ekeln vor euch selbst wegen eurer Gräueltaten. 32 Doch nicht euretwegen handle ich so – Spruch Gottes, des Herrn –, das sollt ihr wissen. Errötet und vergeht vor Scham wegen eures Treibens, ihr vom Haus Israel. 33 So spricht Gott, der Herr: Wenn ich euch von all euren Sünden gereinigt habe, mache ich die Städte wieder bewohnbar, und die Ruinen werden wieder aufgebaut. 34 Das verödete Land wird bestellt, es liegt nicht mehr öde vor den Augen all derer, die vorübergehen. 35 Dann wird man sagen: Dieses verödete Land ist wie der Garten Eden geworden; die zerstörten, verödeten, vernichteten Städte sind wieder befestigt und bewohnt. 36 Dann werden die Völker, die rings um euch noch übrig sind, erkennen, dass ich, der Herr, das Zerstörte wieder aufgebaut und das Ödland wieder bepflanzt habe. Ich, der Herr, habe gesprochen und ich führe es aus. 37 So spricht Gott, der Herr: Ich lasse mich vom Haus Israel dazu bewegen, auch noch das zu tun: Ich werde die Menschen vermehren wie eine Schafherde. 38 Wie die zum Opfer geweihten Schafe,

wie die Schafe an den Festen Jerusalem füllen, so sollen
Herden von Menschen die zerstörten Städte bevölkern.
Dann wird man erkennen, dass ich der Herr bin."
(Hesekiel 36,16-38)

Einheitsübersetzung, aus der die Formulierung der Jahreslosung entnommen ist.

Jürgen Werth

Einfach lesenswerth

Mutmachendes aus drei Jahrzehnten

Eine inspirierende Fundgrube – zum Selberlesen oder Vorlesen in Gruppenstunden und anderen Veranstaltungen! Ein Erlebnis im Urlaub, eine eindrucksvolle Begegnung mit einem Menschen – immer wieder machen wir im Alltag Erfahrungen, die uns mit Gott, dem Erfinder des Lebens, in Berührung bringen. 130 Texte aus drei Jahrzehnten versammeln Tiefschürfendes und Tollkühnes, Witziges und Wortreiches, Herausforderndes und Hintergründiges. Sie laden zur Begegnung mit Gott ein, bringen ins Nachdenken und schenken erfrischende Perspektiven.

Gebunden, 14 x 22 cm, 272 S.
ISBBN 978-3-417-26601-6
Auch als E-Book

SCM
R.Brockhaus

Jürgen Werth

Mehr Anfang war selten
Tagebuch eines Abschieds

Alles zu Ende? Oder alles auf Anfang? Der Schritt in den
Ruhestand ist vor allem für Männer ein Schritt in einen un-
bekannten Dschungel. Jürgen Werth, langjähriger Chef von
ERF Medien, hat ihn hinter sich. Und festgehalten, was ihm
Kopf und Herz und Seele diktiert haben. Herausgekommen
ist das Tagebuch einer emotionalen Achterbahnfahrt eines
Abschieds und eines Neubeginns. Ein lebenskluges, ehrliches
Buch mit vielen wertvolle Einsichten.

Gebunden, 10,5 x 16,5 cm, 192 S.
ISBN 978-3-7751-5647-9
Auch als E-Book

SCM